Louis Lochet

Monique MAZZOLÉNI

Louis Lochet

Prêtre et prophète
De Reims aux Foyers de Charité

SALVATOR
103, rue Notre-Dame-des-Champs
F – 75006 Paris

Yves Briend Éditeur, SA.
103, rue Notre-Dame-des-Champs
F-75006 Paris
www.editions-salvator.com
contact@editions-salvator.com

Maquette intérieure : Atlant'Communication
Maquette de couverture : Isabelle de Senilhes

ISBN : 978-2-7067-1320-0

Préface

Une vie dans le dessein de Dieu

« Le père Lochet nous a quittés sur la pointe des pieds... Son départ semble être passé inaperçu. Et pourtant[1]... »

Aussi, nous ne pouvons que nous réjouir de la parution de ce recueil de témoignages et d'extraits de nombreux écrits. Les uns et les autres traduisent sa riche personnalité d'homme, de chrétien et de prêtre, respirant l'Évangile, rendant compte de sa vie totalement donnée, situant tout dans le merveilleux dessein de Dieu.

« Tout amour exerce une sorte de violence, il ne peut être inactif dans l'âme de celui qui aime, il ne peut pas ne pas l'entraîner. Si tu veux savoir ce que vaut ton amour, vois où il te mène. » C'est ainsi que saint Augustin décrivait la violence de l'amour ; cet amour que nous avons toujours rencontré dans le cœur du père Lochet, quels que soient les lieux où il fut appelé à vivre, quelles que soient les responsabilités qui lui furent confiées.

C'est bien ce qui apparaît à la lecture de cet ouvrage, de cet ami très cher que fut le père Louis Lochet.

C'est à Reims qu'il naquit le 16 juillet 1914, à la veille de la Première Guerre mondiale qui fera de cette ville, « la ville martyre ». Il fut ordonné prêtre le 19 février 1938 par le cardinal Emmanuel Suhard, qui laissa dans le cœur des Rémois et des

1. Docteur Bernard, médecin du père Lochet, cf. p. 17.

Ardennais de son diocèse, et particulièrement des prêtres, le souvenir de l'évêque-pasteur.

Son esprit missionnaire se manifestait à travers les visites et les lettres pastorales rejoignant les recherches de l'Action catholique spécialisée et de la réflexion théologique qu'elles suscitaient.

Nombreuses sont les initiatives qu'il prit en monde urbain et en monde rural pour traduire dans la pastorale des intuitions fondatrices d'Église.

Il s'agissait bien dans la pensée du cardinal Suhard d'un renouvellement de la visée missionnaire de l'Église, en référence à la désaffection des masses pour qui la religion apparaissait aliénante, démobilisatrice de l'homme, loin de l'appel à construire un monde juste et fraternel.

Cette nouvelle visée missionnaire du cardinal sera la ligne de pensée et d'action du père Lochet au cours de toutes ses recherches théologiques, pastorales et spirituelles.

« Ce n'est pas par hasard, écrira-t-il, si elle jaillit dans le monde du travail, avec la Jeunesse ouvrière chrétienne (JOC). » Comment ne pas rappeler ici l'événement historique du premier Congrès de la JOC en France : le cardinal et le chanoine Cardijn s'y donnèrent publiquement l'accolade. Certains parleront du « baptême » de Reims de la JOC.

Pour le père Lochet, cette visée n'est pas « un agenouillement devant le monde » comme dit Maritain, mais une conversion à l'Amour de Dieu pour sa création, à réunir en Jésus-Christ. C'est une conversion urgente et difficile, qu'il nous est demandé de vivre ensemble, dans la paroisse, dans le village, dans la ville, dans toutes les réalités collectives, dans le monde entier.

Dans mon cœur, résonnent encore les paroles du père Lochet intervenant avec passion dans une réunion du Conseil presbytéral de Reims : « Non, le Christ n'est pas venu seulement "sauver les âmes" ni même "fonder l'Église et assurer son développement universel". Il définit lui-même sa mission : "Je suis venu pour qu'ils aient la vie et qu'ils l'aient en abondance" (Jn 10, 10) ».

Tel est en effet le dessein du Père : « Réunir l'univers entier sous un seul chef, le Christ » (Eph 1,10).

Il s'agit bien de l'humanité que Dieu aime passionnément. Il s'agit de sa création qu'Il n'a jamais abandonnée. « Dieu a tant aimé le monde qu'Il lui a donné son Fils unique. » Ainsi, verrons-nous le père Lochet annoncer avec une énergie peu commune, même dans les moments de dure fatigue, l'urgence à réaliser le plan de Dieu : que les hommes vivent en plénitude dans un univers transformé par eux et pour eux, dans le rayonnement de la gloire du Fils, pour la gloire du Père.

C'est bien cet appel que la lecture de cet ouvrage nous renvoie à chaque page.

Dans cette vision de la mission de l'Église, nous serons les témoins admiratifs de la manière dont le père Lochet voulut épouser toute situation humaine, avec cette capacité qui était la sienne de savoir allier contemplation et action ; sa volonté de devenir « petit frère de tous » et à terme, d'édifier un monde plus habitable, d'édifier le Royaume.

C'est ainsi que jusqu'à la fin de sa vie, il portera le souci de l'avenir de l'Église dans un monde en changement, à la manière du prophète puisant dans l'Évangile le souffle missionnaire du Christ.

Il écrivait à ce propos :

> Si la manière dont nous vivons aujourd'hui le mystère de l'Église n'est plus une révélation de l'Amour de Dieu pour tous, c'est qu'il y a quelque chose de faussé quelque part [...]. C'est dans le dynamisme de la mission que tout s'éclaire. L'Église ne peut annoncer l'Évangile qu'en ayant pris cet engagement prophétique, qui éclaire et transforme le monde.

Tel est le testament que nous avons reçu de lui, nous ses anciens élèves, ses frères dans le sacerdoce ministériel. Dans toutes les rencontres, il s'est toujours révélé à nous, comme un frère aîné et comme un maître attendu. Il n'était pas l'être aseptisé, placé sous verre pour éviter la contagion de l'extérieur.

La richesse de ses entretiens sur « Dieu et le monde », sans nous masquer le mal, nous élevait vers le Père qui crée tout, à chaque instant, en aimant : « Toi aussi, pense que c'est ton amour à l'image de Dieu qui est créateur. »

C'est ainsi que l'histoire du monde devient une histoire sainte, que le visage de l'Église doit sans cesse illuminer. Mais ne nous arrêtons pas en chemin. Avançons.

Le père Lochet nous faisait ainsi pressentir la constante nécessité du renouveau. C'est la condition fondamentale si nous voulons vivre dans la vérité de Dieu et la vérité de l'homme. Le renouveau trouve sa force dans le ressourcement et dépend du choc que produit la Parole de Dieu dans l'Église et dans le monde. Là se trouve la véritable fidélité et la fidélité appelle le prophétisme.

De 1970 à 1985, c'est surtout en terre d'Afrique, au service de l'Église à édifier en culture africaine, qu'il vivra avec ses frères africains : « fidélité et prophétisme ». Car il s'agit bien de service à rendre lorsque nous, « Européens », nous nous retrouvons dans d'autres continents pour travailler avec des frères d'autres traditions que la nôtre.

Dans un premier temps, les évêques du Burundi et du Rwanda viendront le solliciter « pour un ministère de retraites et sessions pastorales de prêtres et de religieuses dans le cadre de la formation des ouvriers apostoliques ».

Mgr Maury, archevêque de Reims, ancien délégué apostolique pour l'Afrique francophone, dans la période difficile où les États africains accédaient à l'indépendance, se réjouit de cette demande. Il envoie le père Lochet qui, à ses amis exprimant leur étonnement, explique dans le bulletin diocésain *Reims-Ardennes* :

> J'ai été nommé prêtre au service du diocèse de Reims. Mgr l'Archevêque m'envoie, comme il a fait pour d'autres,

> en Afrique […]. Je n'ai pas l'impression de quitter le diocèse qui s'élargit et accomplit sa mission d'Église. L'Esprit qui l'anime est un esprit d'amour universel. Cela se voit mieux quand il envoie.

Je trouve admirable ces quelques lignes. Nul ne se donne à soi-même son ministère. Et lorsque nous sommes envoyés, c'est toujours en communion avec l'Église qui envoie.

Puis vient le jour où la conférence épiscopale du Burundi lui demande de fonder un Foyer de Charité à Mugera. Pour les évêques, c'était la seule voie pouvant conduire à une réconciliation entre chrétiens, au lendemain d'une guerre fratricide.

Le 30 juin 1974, alors que je venais d'apprendre ma nomination comme évêque auxiliaire de Reims, je participais à la célébration d'envoi du père Lochet en l'église Saint-Jacques de Reims ; Mgr Ménager et moi-même imposions les mains à ce frère qui se reconnut toujours « fils de l'Église de Reims ».

L'archevêque voulut donner sens à cet envoi en mission :

> Frères, vous êtes venus nombreux prier pour le père Lochet. Il est, vous le savez, très connu à travers toute la France, et bien au-delà des frontières. C'est un pasteur, un vrai spirituel […]. La prière, le dialogue avec le père Lochet, la méditation des Actes des Apôtres, tout m'a dit d'accepter de l'envoyer en mission, au Burundi. Mes frères, il faut l'aimer, le soutenir de notre prière, lui écrire si nous le pouvons.

À 60 ans, il part donc de nouveau en terre d'Afrique pour un long temps.

On comprend les paroles de Marthe Robin à son adresse : « Le père Lochet, c'est l'Évangile, l'homme de l'Église qui donne confiance. » Il ne peut y avoir plus bel éloge. Loin de la France, il a toujours porté le souci du partage avec l'Église de Reims, via le bulletin diocésain.

Bien plus tard, je l'ai retrouvé au Foyer de Charité de Roquefort-les-Pins, dans les Alpes-Maritimes. Là, j'ai été le témoin ému de cette heure proche du grand départ, l'heure de la Croix, signe le plus évident de l'injustice du monde et qui, en Jésus, devient le signe du plus grand amour : « Tout est accompli. »

Cette heure, il l'avait intensément désirée comme celle de l'Amour inépuisable :

> « Je ne peux pas rester,
> J'ai rendez-vous avec l'Amour. »

Merci à Monique Mazzoléni qui a vécu plusieurs années au Foyer de Charité de Mugera. Témoin de la vie et de l'œuvre du père Lochet, elle a voulu publier cet ouvrage afin que sa mémoire demeure vivante dans l'Église.

Mgr Guy Herbulot
Évêque émérite d'Évry-Corbeil-Essonnes
Janvier 2015

Introduction

« Il ne faut pas que son nom tombe dans l'oubli… » m'avait écrit sœur Marie-Pierre du monastère des Dominicaines de Taulignan[1], lors de la mort du père Louis Lochet.

Pendant dix ans cette phrase venait frapper régulièrement à mon esprit. Des faits aussi me rappelaient cette nécessité :

> Le père Lochet fait partie des théologiens du Concile. Mais aujourd'hui dans tout ce qui sort pour célébrer le Concile, nulle part on ne voit une référence à lui. Il faut une réhabilitation du père Lochet pour l'Église. Il y a urgence. Nous sommes les derniers témoins. Il faut sortir les dossiers des archives[2].
>
> Ce serait bien d'écrire sur le père Lochet pour ne pas manquer un héritage[3].

Je ne voyais pas trop comment entreprendre cet ouvrage. « Le père Lochet voulait tellement peu que l'on parle de lui[4] ! » Mes quelques initiatives n'étaient que ponctuelles. Je ne me suis vraiment mise au travail, qu'après l'encouragement des jeunes Foyers de Charité qui désiraient connaître davantage

1. Dans la Drôme.
2. Mgr Guy Herbulot, évêque émérite d'Évry-Corbeil-Essonnes.
3. Frère Fernand Bécret, frère des Écoles chrétiennes à Reims.
4. Père Jean-Claude Lenain, Foyer de Charité, Roquefort-les-Pins, Alpes-Maritimes.

le père Lochet puisqu'ils apprenaient qu'il avait joué un rôle dans les Foyers.

Cependant, il est toujours délicat d'écrire sur un être cher, qui nous a aimés, que nous avons aimé. Il est très facile de mettre en valeur ou de passer sous silence certains aspects de la personne, ce qui porte atteinte à son vrai visage.

Il est encore plus facile de surestimer ces personnes qui nous ont fait du bien et qui nous ont tant marqués.

Pour éviter cet écueil de la subjectivité de celui qui écrit, j'ai pensé, avec le discernement de frères et sœurs amis, à m'appuyer fortement sur les témoignages de ceux qui l'ont connu, sur des nombreux écrits retrouvés, et sur des faits concrets rapportés.

D'ailleurs, comment aurais-je pu faire autrement puisque je n'ai pas connu le père Lochet avant qu'il ne soit âgé de 60 ans ?

Mais beaucoup de ses livres, de ses articles, datés de la période préconciliaire et conciliaire, laissent largement entrevoir qui il était, dans sa pensée comme dans sa vie, puisque comme l'ont dit des témoins, « il disait ce qu'il vivait et il vivait ce qu'il écrivait ».

Par la suite, vivant dans sa communauté de 1974 à 1985, et devant travailler de plus près avec lui, je l'ai mieux connu. Cependant, il a toujours été discret sur lui-même.

De 1985 à 2002, devant assumer une mission venant de Rome au service des Foyers de Charité, mais avec une fragilité intérieure de plus en plus profonde, sa personnalité devenait comme absorbée par un mystère qui nous échappait, surtout durant les dernières années de sa vie. Finalement, peut-être est-ce là que nous est apparue sa vraie vérité, dans le regard de Dieu.

Ainsi, ceux qui liront ce livre auront à découvrir la personne du père Lochet à travers des témoignages et des textes choisis.

Le choix n'a pas toujours été facile à faire, étant donnés tous les documents, si nombreux, si riches et significatifs.

Le premier chapitre, constitué de témoignages, nous présentera le père Lochet dont on ne parle plus guère.

Puis les deux suivants nous feront déjà entrevoir l'homme qui se révèle comme porteur de toute une richesse qui vient d'ailleurs.

Ensuite, c'est la grande période de ses écrits où sa pensée et sa vie ne font qu'un. Aussi, apparaît-il dans toute la lumière et le souffle de l'Esprit saint qui a envahi le Concile, pour rendre l'Église plus vivante au cœur du monde, l'Église de Jésus-Christ.

C'est alors l'appel d'un petit pays d'Afrique, le Burundi : il lui permettra de vivre l'esprit du Concile, au cœur d'une communauté des Foyers de Charité, l'incarnation de la Parole de Dieu, qui seule révèle au monde la charité de Dieu. Il aura, par la suite, à servir un temps l'ensemble de cette œuvre fondée par Marthe Robin et le père Finet[1].

Enfin, vient le temps du petit grain de blé qui tombe en terre, avec tout son poids de souffrance et d'obscurité, mais toujours offert pour que vivent ses frères, pour que resplendisse l'Église comme un visage d'Amour et de Miséricorde de Dieu, au cœur du monde.

Oui, découvrir le père Lochet, certes… mais ne pas s'y arrêter, pour élever le regard vers Jésus Sauveur, vers l'Esprit saint toujours en travail de renouvellement de l'Église, pour l'avancée du Royaume du Père parmi tous les peuples, et dans tout l'univers : voilà ce qu'accepterait le père Lochet !

Une porte s'ouvre, qui peut en ouvrir d'autres.

---

1. Régine Levrat, *Père Finet (1898- 1990). Fondateur des Foyers de Charité avec Marthe Robin*, préface du cardinal Philippe Barbarin, archevêque de Lyon, Salvator, 2015.

I

Des témoignages qui soulèvent un voile

« Le père Lochet nous a quittés sur la pointe des pieds, le 5 septembre 2002, à l'âge de 88 ans. » Telles sont les paroles du docteur Bernard, son médecin[1].

Le 7 septembre, la messe de sépulture fut célébrée au Foyer de Charité de Roquefort-les-Pins, dans ce petit sanctuaire des Alpes-Maritimes, consacré au Sacré-Cœur… petite assemblée priante pour l'entourer et l'accompagner jusqu'à sa dernière demeure. Le père Lochet repose désormais dans ce cimetière qui jouxte le Foyer, petite tombe parmi d'autres, toutes semblables, série de monticules de terre d'où se dressent des croix toutes identiques, portant chacune un nom.

Le père Lochet avait dit : « Pour ma messe d'enterrement, je veux la Parole de Dieu du jour, donnée par l'Église. L'Église sait, je lui fais confiance. »

Ainsi fut-elle proclamée :

> Frères, nous les Apôtres, on croirait que Dieu a fait de nous les derniers de tous […]. Nous passons pour des fous à cause du Christ, et vous pour des gens sensés dans le Christ ; nous sommes faibles, et vous êtes forts ; vous êtes à l'honneur, et nous dans le mépris […]. Les gens nous insultent, nous les bénissons. Ils nous persécutent, nous supportons. Ils nous calomnient, nous avons des paroles d'apaisement […]. Vous auriez beau

1. Roquefort-les-Pins, témoignage du 18 février 2014.

> avoir dix mille surveillants pour vous mener dans le Christ, vous n'avez pas plusieurs pères : c'est moi qui, par l'annonce de l'Évangile, vous ai fait naître à la vie du Christ Jésus[1].

Oui, « le père Lochet nous a quittés sur la pointe des pieds ». Une annonce de faire-part est même parue, dans un journal quotidien, deux jours après la sépulture. « La messe des obsèques, présidée par Mgr Marchand, ancien évêque de Valence, a été célébrée au Sanctuaire du Sacré-Cœur de Roquefort-les-Pins, le samedi 7 septembre. »

Son départ semble être passé presque inaperçu.

Et pourtant… Qui est-il, cet homme ? pour que deux semaines après sa mort, le 20 septembre, je reçoive une lettre disant :

> Ah oui ! Bénédiction que d'avoir connu le père Lochet, partagé un peu de vie avec lui, et tant reçu de lui ! Bénédiction pour les Foyers de Charité, surtout celui de Mugera[2] et sûrement aussi celui de Maria Mater[3] […]. Il ne faut pas que son nom tombe dans l'oubli, il a trop apporté à l'Église préconciliaire de France, préparant son ouverture à un profond renouveau spirituel[4].

Et certains osaient déjà témoigner ainsi :

> Le jour de son enterrement, lors de la célébration religieuse au Foyer de Charité de Roquefort-les-Pins, j'ai ressenti une onction très forte de paix, quelque chose de durable, de l'ordre de grâces indicibles. Beaucoup d'autres personnes présentes nous partagèrent ce même sentiment apaisant[5].

---

1. 1 Cor 4, 9-15.
2. Au Burundi, Afrique centrale.
3. À Roquefort-les-Pins, Alpes-Maritimes.
4. Sœur Marie-Pierre, dominicaine, Taulignan, Drôme.
5. Catherine Poivre d'Arvor, près de Nice, Alpes-Maritimes.

Il nous a semblé que l'homélie, prononcée ce jour-là, pouvait constituer le meilleur témoignage et le meilleur résumé d'une vie humble mais exceptionnelle[1].

Tous les chrétiens, prêtres et laïcs, qui ont bénéficié de l'enseignement, des conseils, mais aussi de la passion du père, ces dernières années, en France et au Burundi, accueillent le témoignage de toute une vie donnée à Dieu[2].

Dans nos Foyers du Burundi, les fruits que nous portons ont reçu cette sève en secret et en silence [...]. Le jeudi 12 septembre, tous les évêques du Burundi sont venus au Foyer de Charité de Bujumbura pour célébrer une messe en mémoire du père Louis Lochet, en témoignage de leur reconnaissance, de leur attachement et de leur soutien à nos Foyers de Charité[3].

Merci, Père, de rester vivant au milieu de nous. Merci de vous souvenir de votre peuple[4].

Le 5 août 2004, deux ans après sa mort, Mgr Thierry Jordan, archevêque de Reims, écrit :

C'était quelqu'un. Beaucoup de prêtres ont été marqués par lui. Comment faire passer à la génération suivante ? Il n'y a pas de risque que la mémoire du Père tombe dans l'oubli. Nombreuses sont ici les personnes qui l'ont connu et qui restent marquées par son rayonnement[5].

Mgr Jules Massin[6] avait dit lui aussi, quelques mois plus tôt, le 20 février 2004 : « Le diocèse veut garder devant Dieu, la mémoire du père Lochet. »

1. *Journal de la Vie diocésaine* de Reims.
2. Mgr Jean Bonfils, ancien évêque de Nice, Alpes-Maritimes.
3. Foyer de Charité, Bujumbura, Burundi.
4. Les trois Foyers de Charité du Burundi.
5. Mgr Thierry Jordan, archevêque de Reims.
6. Ancien chancelier de l'archevêché de Reims.

Durant les dix années qui ont suivi, les témoignages continuèrent d'apporter de précieux éclairages et ouvrent des portes.

> On est arrivé à un moment historique de l'Église où il est urgent de reprendre la pensée du père Lochet, d'exploiter sa pensée, ce qu'il a pu dire, ce qu'il a pu écrire, ce qu'il a vécu[1].
>
> Je crois qu'il faut le faire connaître, plus à fond. Je me souviens qu'à l'entrée au Cénacle, j'ai lu et relu ses livres et ils m'ont consolidée dans ma foi, dans le mystère de la sainte Trinité, spécialement en ce qui concernait le Père[2].
>
> Sa pensée est plus que jamais d'actualité[3].
>
> Son livre *Vers une Église différente* mériterait d'être remis à l'honneur[4].
>
> Se mettre au travail pour mettre en lumière cette belle figure, si attachante, forte et douce, respirant l'Évangile, la présence du Maître[5].
>
> Puisse l'Église entière le connaître et en profiter[6].

Homme aux multiples noms

Cet homme, ce prêtre, on aimait l'appeler tantôt Monsieur l'abbé ou Monsieur le curé, tantôt Monsieur le chanoine, Père Lochet, « Padri » au Burundi, ou tout simplement, l'oncle abbé pour sa famille.

---

1. Mgr Guy Herbulot, déjà cité.
2. Sœur Bourgain Monique, sœur du Cénacle, Lyon.
3. Daniel Bourgeon, Saint-Vallier, Drôme.
4. Sœur Marie-Pascale, dominicaine, Taulignan, Drôme.
5. Sœur Marie-Pierre, déjà citée.
6. Anne-Marie Bitega, Foyer de Charité, Burundi.

Certains, pour parler de lui, disaient : « un grand homme[1] », « un père, un frère, un ami[2] », « ami très cher, ami très fidèle[3] » ou encore « le grand et saint serviteur de Dieu et de Marie[4] », « le bien-aimé père Louis Lochet, bon et fidèle serviteur[5] », « notre cher père Lochet[6] ».

« L'homme de l'essentiel, un vieux sage[7] », « un grand apôtre, éducateur de la foi[8] », « le béni de l'Éternel[9] », « l'artisan de paix et d'unité, aimé des grands comme des petits[10] ».

« On ne peut pas ne pas en avoir entendu parler. Vous retenez son nom[11]. »

Les nombreux témoignages, arrivés depuis dix ans, contribueront-ils à faire surgir un peu de l'ombre ce prêtre sur lequel une page blanche semble s'être tournée, depuis 1974, lors de son envoi au Burundi ?

Homme de Dieu, vrai prêtre

> Rémois très aimé, il était bien connu. C'était le prêtre le plus rayonnant sur Reims, un homme spirituel, un vrai prêtre dans un clergé en plein désarroi, vivant un grand malaise. Conseiller spirituel au centre du diocèse, il avait un

1. Clotilde, Burundi ; Monique Mazzoléni et sa famille, Drôme ; Rachel, Pays-Bas ; Père Larbat, Burkina Faso.
2. Mgr Jean Ntagwarara, évêque du Burundi.
3. Père Joseph Hannesse, prêtre du diocèse de Reims.
4. Sœur Marie Pascale, déjà citée.
5. Père Giovanni Tassano, alors missionnaire au Burundi.
6. Bienheureux pape Paul VI.
7. Foyer de Charité, Roquefort-les-Pins, Alpes-Maritimes.
8. Mgr Gabriel Baragensabe, Burundi.
9. Emmanuel Manwangu, catéchiste au Burundi.
10. Les trois Foyers du Burundi.
11. Père Etienne Renaud, père blanc, missionnaire d'Afrique actuellement à Marseille.

rayonnement sur le clergé. Il a été un grand soutien moral pour nous, dans nos débuts à Reims[1].

Le père Lochet est certainement le prêtre qui m'a le plus marqué[2].

On s'en souvient encore

J'ai vécu, à ce moment-là une crise liée à la paternité [...]. Alors je suis allé voir le père Lochet qui n'était pas bien. Je l'ai trouvé alité, très fatigué. Je lui ai parlé de ce qui me troublait [...]. Cela a éclairé ma vie. Cela a transformé ma vie et jusqu'à aujourd'hui. Ah ce père Lochet ! Très bon ! Je lui dois beaucoup[3].

Voilà l'homme [...] que j'ai fort apprécié, profond dans sa réflexion, qui m'a beaucoup inspirée et qui m'inspire encore dans mon travail au service de l'universel[4].

Ce fut un cadeau de vivre avec lui pendant trois ans. Un jour, il nous a dit : « Vous, couples chrétiens, ne restez pas seuls. » On a pris cette phrase à la lettre. On a cherché des couples chrétiens pour grandir dans la foi. On continue à la mettre en pratique[5].

1. Sœur Jean-Marc, abbaye des Bénédictines de Sainte-Bathilde, Saint-Thierry, Reims.
2. Père Joseph Hannesse, déjà cité.
3. Père Bernard Peyrous, postulateur de la cause de Marthe Robin.
4. Clotilde Mbaranga Gasarabwe, sous-secrétaire générale des Nations Unies, en charge du Département de Sécurité, au sein de l'ONU, à un niveau mondial.
5. Maguy et Jean-Pierre Lootvoet, Bomy, Pas-de-Calais, anciens coopérants au Burundi.

La gratitude de beaucoup de personnes

Mon grand-oncle a joué un rôle déterminant dans mon cheminement. Il fait partie de ceux que le Seigneur a mis sur ma route à un moment fondateur pour moi[6].

Il m'a suivi [...] dans la reprise de ma vie laïque. Il avait un regard profond, très observateur, avec un don de synthèse. Il avait vite fait le tour de mes questionnements. Avec lui les choses ne s'éternisaient pas. Il m'écoutait. J'étais rassuré. Il m'a beaucoup aidé, m'a appuyé[7].

La génération du père Lochet précédait la mienne. Et pourtant il me rejoignait. Il faisait partie des personnalités qui m'ont façonné, qui m'ont aidé à trouver mes racines et à me construire[8].

Si je suis resté prêtre, c'est à cause des rencontres : étincelles de Dieu. Dieu parle par ses témoins[9].

Une profonde estime

Le père Delaunay des Sulpiciens avait une grande estime pour lui. De 1940 à 1944, il lui a abandonné une partie de sa charge. Ce n'était pas banal[10].

Je rends grâce à Dieu, avec des milliers d'autres, j'imagine, d'avoir rencontré le père Lochet et de m'être senti aimé de lui[11].

Pour nous tous, il était vénéré, admiré, profondément estimé[12].

---

6. Jean-François Marguet, petit-neveu du père Lochet.
7. Jean-Michel Sagot, diacre permanent, aumônier des hôpitaux, Lyon-Sud.
8. Frère Fernand Bécret, déjà cité.
9. Père Paul Diemert, aumônier national des Sourds, Paris.
10. Mgr Guy Herbulot, déjà cité.
11. Père Michel Jeanroy, prêtre du diocèse de Reims.
12. Père Cotte, Foyer de Charité, Sufferchoix, Bouches-du-Rhône.

Quel cadeau que ces rencontres avec lui ! Un tel prêtre ! Un tel père[1] !

Une personnalité exceptionnelle

Le père Lochet n'était pas un prof comme les autres. Il était ouvert à l'essentiel, ne s'arrêtait pas aux bricoles. Il n'était pas enfermé dans des habitudes [...]. Il enseignait la Bible autrement. Je l'ai aimé. Lui nous a aimés[2].

Il sortait du lot. C'était une grande personnalité avec un très bon équilibre, une grande intelligence[3].

Quelqu'un d'exceptionnel[4] !

Il s'est démarqué[5].

Un prêtre et un théologien remarquable

Ses paroles, ses écrits semblent, selon les témoignages, avoir marqué en profondeur des milliers de personnes :

Prêtre remarquable, de haute valeur intellectuelle[6].
Il donnait une impression de sécurité dans la foi et rayonnait de paix[7].

Il nous rencontrait tous les mois. On étudiait, parlait, partageait avec lui. Cela m'a marqué durablement. Il avait une attitude, un comportement à la manière du pape François[8].

1. Évelyne et Bernard Fulchiron, Privas, Ardèche.
2. Père Michel Jeanroy, déjà cité.
3. Madame Colette Coffin, Reims.
4. Madame Aline Quartier, Reims.
5. Père André Abelé, prêtre du diocèse de Reims.
6. Père Paul Roul, prêtre sulpicien.
7. Sœur Marie Pascale, déjà citée.
8. Père Joseph Hannesse, déjà cité.

Théologien de renom, il était humble. Il n'écrasait nullement par sa science. Il accueillait vos questions, vos tâtonnements, vos intuitions, sans condescendance, amenant son éclairage avec respect et douceur [...]. Homme à la fois « au ciel et sur la terre », il n'avait rien du « théologien en chambre ». On sentait chez lui une réflexion, une recherche et des prises de positions enracinées dans une longue expérience humaine « de chair et de sang » [...] avec le souci d'ouvrir sans cesse à une hauteur spirituelle[1].

Il était reconnu comme ayant une dimension universelle de par les différents ministères qu'il a exercés. Il avait une vision de prophète[2].

Un prophète de Vatican II ?

En lisant ses livres, on voit qu'il avait déjà un esprit conciliaire net. [...] En les feuilletant, je m'aperçois que l'on sent bouillonner, chez lui, bien des réflexions qui apparaîtront dans les documents du concile Vatican II[3].

À l'époque, Louis Lochet, Rémois, était connu et apprécié dans tous les diocèses de France. Où n'a-t-il pas été invité à prêcher une retraite, à faire une session ? Son seul nom ouvrait les portes. Ses articles dans les revues religieuses faisaient autorité. Il y avait toujours chez lui une vision d'avenir. Une liberté de ton. Il ne fermait aucune porte. Le concile Vatican II l'a réjoui[4].

Champion de la théologie pastorale, il n'avait que 50 ans au moment du Concile. Il a aidé à le faire entrer dans les esprits. Ses bouquins, on se les arrachait[5] !

1. Père Henri Bastin, doyen à Malmeny, Belgique.
2. Mgr Guy Herbulot, déjà cité.
3. Père Michel Jeanroy, déjà cité.
4. Mgr Jacques Gaillot.
5. Père Michel Couvreur, prêtre du diocèse de Reims.

En 1962, c'était la communion solennelle de ma petite sœur. Il en présidait la célébration. Jeune religieux, je fus impressionné par cet homme. J'ai eu le sentiment d'un prêtre imprégné de l'Esprit de Dieu, avant même le Concile, vivant un renouveau pastoral et liturgique et présentant aux enfants le message de la foi chrétienne avec des mots simples. Je me suis trouvé devant une personne qui était habitée par une présence. Cela se voyait même dans son physique. Il respirait la paix, une sorte de liberté intérieure[1].

Il a compris Vatican II, il le vivait dans sa parole, dans son comportement, sans éclat : humilité, cordialité, fraternité[2].

Le témoignage de ses écrits

Selon bien des échos, ses livres et ses articles de référence résonnent encore aujourd'hui dans les cœurs.

Il écrivait, il écrivait[3].

Je ne l'ai pas connu, si ce n'est par sa réputation et par ses livres[4].

Tout dernièrement, un père dominicain théologien, de passage, parlait à l'une de nous des années difficiles qu'il avait vécues en 1968, lorsque tant de bases de la vie ecclésiale se trouvaient ébranlées. [...] Il disait que ce qui l'avait aidé, c'étaient les livres du père Lochet : *Fils de l'Église* et *Fils de Dieu*[5].

Il n'était pas facile pour moi de rentrer en communauté [...]. Comme lecture précédant l'oraison du soir, il est arrivé que ce soit des passages du livre *Fils de l'Église* du père Lochet. L'écoute de ses réflexions me faisait respirer[6].

1. Frère Fernand Bécret, déjà cité.
2. Père Jacques Larbat, Foyer de Charité, Burkina Faso.
3. Des prêtres de Reims.
4. Mgr André Lacrampe, évêque émérite de Besançon, Doubs.
5. Sœur Marie Pascale, déjà citée.
6. Frère Fernand Bécret, déjà cité.

Comme jeune prêtre, je lisais avec intérêt les articles signés de lui. J'ai trouvé aussi son livre *Apparitions*. Ce livre m'a plu [...]. Marie, « présence à notre temps » dans un climat évangélique des apparitions mariales. Voilà qui m'a aidé pastoralement lorsque j'ai conduit des pèlerins français ou coréens à Lourdes. Je suis donc reconnaissant à Louis Lochet[1].

Il m'avait confié la dactylographie d'un livre qu'il écrivait : *Dieu m'aime comme ça* ; cet ouvrage m'a ouvert les yeux sur le monde des personnes ayant un handicap et m'a permis de trouver la voie de mon futur travail d'infirmier que j'exerce maintenant depuis plus de trente ans[2].

Une parole qui fait autorité

On pourrait ajouter encore bien d'autres témoignages. Tous révèlent combien la parole du père Lochet a marqué et touche encore les cœurs. Mais il y a plus. Il est très fréquent de voir des auteurs faire référence aux écrits du père Lochet, en s'appuyant sur sa pensée pour développer la leur. Citons simplement quelques noms.

En 1955, Joseph Khanh :

Je vous remercie infiniment de vos éclaircissements qui m'ont aidé à donner un aperçu plus complet sur la base doctrinale de ma thèse. Votre opinion a été appuyée longuement par Jean-Baptiste Guzzetti, professeur de théologie à l'Université de Milan. Je devrai me servir encore beaucoup de vos articles pour « développer la fin primaire » d'après saint Augustin et saint Thomas[3].

---

1. Mgr Olivier de Berranger, évêque de Saint-Denis de 1996 à 2009.
2. Jean-François Duc Maugé, Dardilly, Rhône.
3. Pontifico Collegio Urbano de Propaganda Fide à Rome.

Le père Pilet[1] fait paraître un livre, en 1960, sur Josepha Menendez, religieuse portugaise et grande mystique du début du XXe siècle. Il y cite plusieurs fois le père Lochet.

En 1986, Mgr Gabriel Matagrin, alors évêque de Grenoble, propose à son Église en questionnement, le livre du père Lochet *Vers une Église différente*, afin de rester fidèle au concile Vatican II.

Le théologien Hans Urs von Balthasar se réfère à lui plusieurs fois dans son livre *Espérer pour tous*, paru en 1993 ; de même, en 2003, Mgr Guy Herbulot cite Louis Lochet dans *L'espérance au risque d'un diocèse*.

Le père François-Régis Wilhelem de l'Institut Notre-Dame-de-Vie[2] le nomme dans deux de ses derniers livres : *Dieu dans l'action* en 1992 et *Agir dans l'Esprit* en 2007. Tout récemment, en 2012, il s'est encore appuyé sur le père Lochet pour prêcher une retraite aux prêtres du diocèse de Paris.

En juillet 2014, un libraire de Paris dit que lorsqu'un livre du père Lochet paraît dans son catalogue de livres d'occasion, il est immédiatement vendu[3].

Des prédications qui touchent le cœur

> Je considère comme une grâce d'avoir eu le père Lochet comme prédicateur de ma retraite d'ordination, en juin 1972. Quand il parlait, c'était très adapté. Il savait s'adresser aux prêtres, aux futurs prêtres. Il savait allier la prière et la vie de tous les jours : action, contemplation. Il n'était pas dans les nuages. Il donnait de l'importance à tout le spirituel, mais

1. Prêtre de la congrégation du Sacré-Cœur.
2. Vénasque, Vaucluse.
3. Selon un ami de Monsieur Sylvain Papavero, BNF.

c'était dans la vie. Il était exigeant pour notre bien. Il ne bradait pas les choses. C'était sérieux. Cela fait partie des choses qui m'ont marqué. [...] Et cela me marque jusqu'à aujourd'hui[1].

Je l'ai connu en 1961 au Petit Séminaire. À la dernière année du bac, il a prêché une retraite. C'était un homme qui avait une grande profondeur. Ses yeux brillaient de la foi. J'ai été très nourri. Une rencontre avec lui ne laissait pas indemne. C'était quelqu'un de marquant[2].

Une retraite sur les psaumes, animée par le père Lochet, m'a aidé dans la pratique du bréviaire et surtout à personnaliser ces textes qu'il m'était difficile de digérer. Depuis cette retraite, j'aime les psaumes et je prie plus facilement les Heures[3].

Des paroles qui font vivre

Combien laissent encore vibrer dans leur cœur telle ou telle de ses paroles de vie et s'en nourrissent !

Parmi les phrases que je retiens de lui : « Si vous avez beaucoup de travail et que vous ne savez pas par où commencer, commencez par prier. » Cela m'aide souvent au quotidien à remettre les priorités et à ne pas me laisser enliser ou enfermer dans les nombreuses choses à faire[4].

Je continue à citer très régulièrement une phrase que l'on m'a dit venir de lui : « Tout événement est avènement. » Je n'ai pas fini de la déployer dans les circonstances de ma vie. Voilà pourquoi le père Lochet souvent accompagne mes pensées[5].

1. Père Jean-Marie Guerlin, prêtre du diocèse de Reims.
2. Père Paul Diemert, déjà cité.
3. Père Gérard Delatour, prêtre du diocèse de Reims.
4. Marie-José Janssens, Foyer de Charité, Spa, Belgique.
5. Chantal de Bodman, Foyer de Charité, Châteauneuf-de-Galaure, Drôme.

Le numéro de septembre 2013 de la revue *Panorama* publie, en page centrale, cette méditation spirituelle du Père Lochet :

> « Il y a assez d'amour qui s'écoule dans le monde
> pour penser qu'il y a quelque part
> une source de l'amour. »

En 2012, une longue citation extraite de son *Carnet de route* a servi de message de vœux de Noël et de fin d'année :

> La misère de ce monde est immense
> mais la Miséricorde de Dieu est
> incommensurablement plus grande, infinie.
> Les péchés du monde sont innombrables, innommables,
> je suis dedans,
> mais le pardon de Dieu est sans mesure,
> divin, infini comme son Amour, comme Lui.
> Et maintenant, j'attends…
> J'attends quoi ? rien. J'attends qui ? Jésus,
> Jésus qui pardonne, Jésus qui guérit,
> Jésus qui fait toutes choses nouvelles.
> Car j'ai besoin de Pardon divin,
> J'ai besoin de guérison,
> J'ai besoin d'un monde nouveau,
> J'ai besoin d'Aimer.
>
> Alors, viens Seigneur Jésus[1].

Les réponses ne se sont pas fait attendre. En voici quelques-unes :

> Paroles qui font tant de bien. Elles nous aident à vivre un saint Noël[2].

1. Père Louis Lochet, en 1990, dans son *Carnet de route*.
2. Père Bernard Lacaille, prêtre du diocèse, Reims.

Chaque phrase, chaque mot accrochent mon cœur, mon âme et fortifient[1] !

Merci pour cette parole de notre oncle qui était un homme d'une grande spiritualité et qui savait être à l'écoute de chacun et de tous[2].

Bon travail utile pour les Foyers et le diocèse de Reims[3].

Qui est cet homme de Dieu ?

Certains n'hésitent pas à dire :

Pour moi, du haut de mes 13 ans, le père Lochet était un saint et je le comparais à Don Bosco dont j'avais lu la vie en B.D. [...] en classe de 4e. J'ai découvert *Fils de Dieu*, suivi bientôt par *Fils de l'Église* que j'ai dévoré. Ce livre m'a appris à aimer l'Église. Et aujourd'hui, comme je le pensais à 13 ans, je crois toujours que j'ai rencontré un saint sur la terre[4].

J'en garde un souvenir merveilleux. C'est un saint authentique. Un saint du XXe siècle, un saint de notre époque, de notre diocèse, pour notre ville de Reims. Je le pense profondément. Pour moi, il m'a établie dans la paix intérieure que rien ne peut m'enlever[5].

Père Lochet ! Un grand saint dans sa façon de vivre, dans la manière dont il a compris mon mari, dont il l'a aidé[6].

Prêtre merveilleux, dans toute la beauté du terme ! Je crois que c'était un saint : sa manière de vivre, de regarder les autres, sa charité, la joie intérieure qu'il semait. Il semait Dieu. Il n'y a que les saints qui peuvent rayonner de cette façon-là. Avec une telle simplicité ! Et une grande gaieté [...].

1. Une ermite de Suisse.
2. Monique Lochet, nièce du père Lochet, Paris.
3. Mgr Thierry Jordan, déjà cité.
4. Père Gérard Delatour, déjà cité.
5. Andrée Cousinard, Reims.
6. Madame Aline Quartier, déjà citée.

> Mon mari a retrouvé la foi grâce au père Lochet. En étant ce qu'il était, il a remis mon mari sur les rails de la foi [...]. Il a apporté beaucoup, beaucoup à mon mari, c'est inouï. On a eu cette chance de côtoyer un saint. Prions-le, il n'y a que cela à faire. Oui, il faut toujours prier le père Lochet. Il est toujours près de nous. C'est comme cela que je vois la sainteté : simplicité et joie dans le regard, extraordinaire[1] !
>
> Il avait un rayonnement particulier, celui d'un saint. Il me semblait ne plus exister, ne plus s'appartenir, habité par le Tout-Autre[2].
>
> Louis Lochet est un authentique mystique du XXe siècle[3].

Certains osent même le prier :

> C'est une présence exceptionnelle. Je continue à le prier. Dans mes difficultés, je l'appelle. J'aime me confier à lui. C'est une aide incomparable. Il reste un appui spirituel[4].
>
> Incontestablement cet homme était guidé par l'Esprit saint [...]. Tu peux lui demander d'intercéder pour toi et ta communauté[5].
>
> Je prie avec lui, pour lui [...]. Et je vais continuer de le prier comme un nouvel intercesseur[6].
>
> Il faut qu'il soit invoqué par l'Église en marche[7].

---

1. Madame Jacqueline Robert-Delloye, Reims.
2. Bernadette Froidevaux, Foyer de Charité, école, Châteauneuf-de-Galaure, Drôme.
3. Père Aine, alors supérieur de Théologie, au Séminaire d'Issy-les-Moulineaux, vers 1950.
4. Andrée Cousinard, déjà citée.
5. Chistel Crestoux, Cabourg, Calvados.
6. Irène Gubian, Foyer de Charité, Châteauneuf-de-Galaure.
7. Domitille Banteze, Foyer de Charité, Sénégal.

Partir en mission à l'âge de 60 ans !

Le père Lochet quitte tout, pays, famille, amis, responsabilités, pour devenir le missionnaire de Dieu. Il part, accompagné par un autre prêtre belge et deux laïques françaises, pour fonder un Foyer de Charité sur les collines du Burundi, petit pays en forme de cœur, au cœur de l'Afrique, avec comme seuls bagages deux petites valises remplies d'objets personnels. Il y restera pendant dix ans.

Puis, que s'est-il passé pour qu'un jour on vienne le chercher, de nuit, pour venir à Châteauneuf-de-Galaure et répondre, par la suite, à un appel de Rome ?

Durant cette période, toujours les mêmes échos au travers des témoignages :

> Qu'il ait accepté de répondre favorablement à l'appel des évêques du Burundi à venir dans un pays en difficultés, [...] c'est le signe d'une grande foi, d'une grande confiance[1].

> Je rends grâce à Dieu pour tout le bien qu'Il a fait à travers lui. Il a été une pierre précieuse pour la reconstruction et le développement de l'Église du Burundi[2].

> Par cette œuvre du Foyer, Louis Lochet a donné à nous tous, prêtres, religieux, religieuses, laïcs et fidèles de l'Église catholique, le goût pour les nourritures spirituelles. Il nous a mis à l'école de la prière, il nous a entraînés à rencontrer le Père[3].

> Un grand apôtre du Christ, éducateur de la foi et messager de la paix et de la réconciliation, un grand ami du Burundi[4].

> J'ai rencontré le père Louis Lochet à l'occasion de deux moments importants dans la vie de l'Église du Burundi [...].

1. Mgr Joachim Ntahondereye, évêque du Burundi.
2. Père Louis Quintard, père blanc, missionnaire d'Afrique, ancien provincial au Burundi.
3. Abbé Avit Vyumvuhore, prêtre du Burundi.
4. Mgr Gabriel Baragensabe, déjà cité.

> L'image qu'il a laissée en moi, ainsi que, je le pense, dans l'esprit et le cœur des nombreux retraitants de Mugera, c'est celle d'un prêtre humble, profond dans sa démarche, dans ses pensées et dans sa foi[1].

Nous entrevoyons mieux, maintenant, combien les Foyers de Charité ont bénéficié de toute une vie donnée à l'Église, mûrie longuement au contact de Dieu et au contact des hommes.

Le jour de la sépulture, ils se souviennent ainsi :

> Au moment de la recherche du statut canonique des Foyers de Charité, merci père Lochet d'avoir accepté la mission qui vous a été confiée par des autorités romaines. Une commission élue de prêtres et de laïcs a pu, sous votre direction, formuler la pensée de Marthe Robin et du père Finet[2].
>
> Nous voulons vous remercier de vos années de présence parmi nous, à votre retour du Burundi. Vous êtes arrivé avec toute votre expérience, votre sagesse [...]. Pour moi, je ne saurai oublier tous les précieux conseils que vous m'avez donnés avec patience, discernement et douceur, pour m'aider dans ma charge. Combien d'autres pourraient en dire autant[3] !
>
> Lorsque je participais aux assemblées à Châteauneuf, j'ai eu l'occasion de rencontrer plusieurs pères de Foyers [...]. Avec du recul, il me semble que c'est avec le père Lochet que je pouvais le mieux saisir le sens de ma vocation de membre de Foyer[4].
>
> C'est grâce à lui que le Vatican nous a fait confiance, grâce à sa réputation à Rome[5].

1. Mgr Évariste Ngoyagoye, archevêque de Bujumbura, Burundi.
2. Père Jacques Ravanel, Foyer de Charité, Haute-Savoie.
3. Lucienne Vieu, Foyer de Charité, Châteauneuf-de-Galaure, Drôme.
4. Anne-Marie, Foyer de Charité, Tressaint, Côtes-d'Armor.
5. Père René Wolfram, Foyer de Charité, Bas-Rhin.

Et que dire de ce vieillard « usé » ?

Sentant sa fin prochaine, il se retire à l'extrême-sud de la France, dans le Foyer de Charité de Roquefort-les-Pins, dans les Alpes-Maritimes.

> Et dire que je vais me présenter devant le Seigneur, les mains vides[1]…
>
> Mystère que cette vie avec des étapes et des responsabilités si diverses et pour finir, ce long dépouillement et cette offrande de chaque instant. Richesse de sa personnalité de la tête et du cœur[2].

Son *Carnet de route*, qu'il tenait depuis 1941, se termine ainsi :

> 8 septembre 1992 : Nativité de la Sainte Vierge…
> Ma vie cachée avec le Christ et Marie en Dieu Père, par l'Esprit,
> pour le salut du monde.
> Que ce soit à Roquefort-les-Pins, à Châteauneuf-de-Galaure, à Reims, au Burundi ou en France…
> ça n'a pas d'importance…
> Je n'ai plus de patrie sur terre,
> ma patrie est dans le ciel en Jésus vers le Père
> pour toujours…
> et j'y vais chaque jour…
>
> J'achève dans ma chair ce qui manque
> encore aux souffrances
> du Christ pour son corps qui est l'Église (2 P 4,12)…
>
> 11 septembre 1994
> Entre dans la joie de ton maître.
> La joie de Dieu, c'est d'aimer,
> la joie de Dieu, c'est de sauver éternellement.
> Je n'y ai aucun droit… au contraire !

1. Rapporté par Madame Aline Quartier, déjà citée.
2. Régine Levrat, professeur d'université.

> Je jette mon immense misère dans son infinie miséricorde.
> Pécheur, sauvé éternellement, par Jésus
> à la gloire du Père,
> dans l'Esprit d'amour…

La majorité des témoignages datent de la période entre septembre 2012 et avril 2014. Ils ont fait l'objet d'un choix pour creuser la soif d'en savoir plus.

Comme le dit Élisabeth Triau du Foyer de Charité de Baye : « Le père Lochet est un nom qui donne envie d'en savoir davantage[1]. »

Nous allons donc essayer de mettre en lumière, au fil de ces pages, cet homme, de grande envergure, semble-t-il.

1. Foyer de Charité, Baye, Marne.

II

Un enfant de la ville de Reims

Le père Lochet est né le 16 juillet 1914, à 6 heures du matin, au 15, rue du cardinal de Lorraine, en plein centre de Reims.

« Il n'est cité que je préfère à Reims : c'est l'ornement et l'honneur de la France[1] »

Établie au bord d'une modeste rivière, la Vesle, au centre d'un plat pays, cette ville est un magnifique lieu de passage, centre de communications et d'échanges qui vont la façonner au cours des siècles. Ainsi, toujours animée d'un certain dynamisme, elle a généré, au fil du temps, une bourgeoisie active qui contribuera largement au déploiement de ce centre.

« Le diocèse de Reims est l'un des plus anciens de l'actuelle France du nord de la Loire[2]. » Le christianisme apparaît vraiment au milieu du IIIe siècle, avec un évangélisateur très actif venu de Rome, saint Sixte. Puis, vers 500, c'est un événement fondateur pour l'histoire de Reims qui marquera l'histoire de France : le baptême de Clovis par saint Remi. De ce fait, Reims est la cité où furent sacrés nos rois, notamment Charles VII, conduit par Jeanne d'Arc ; d'où les appellations données à Reims de « cité des sacres » ou de « cité des rois », avec pour devise : « Dieu en soit garde. »

---

1. Jean de La Fontaine, cf. cahier photos, planche I.
2. Monsieur Patrick Demouy, professeur des universités, à Reims.

Devenue haut lieu de la chrétienté médiévale, elle voit naître de nombreuses communautés religieuses qui, tout en exerçant des services d'accueil et de soins, seront aussi des centres intellectuels importants. Lieu de bouillonnement d'idées, mais encore lieu de diffusion et d'enseignement, n'est-elle pas aussi le berceau de Jean-Baptiste de la Salle, précurseur d'une pédagogie moderne ?

Après « l'École de Reims » au IXe siècle, c'est « l'Université de Reims » qui voit le jour, en 1548, créée par le cardinal de Lorraine, grande figure du concile de Trente. Elle exercera, à son tour, une influence de plus en plus rayonnante, dans le domaine de l'art, de la médecine, du droit et de la théologie, avec une réputation de solidité doctrinale.

À la mesure du développement du secteur industriel au XIXe siècle, on vit se déployer un fort engagement social. Plusieurs « Cercles ouvriers » travaillaient sur les encycliques sociales des papes. C'est à Reims qu'a été fondé le premier « Secrétariat social » de France, célèbre comme lieu d'animation et de formation. On connaît les réalisations de patrons rémois pour faire de leur usine des lieux de vie humaine et communautaire. Léon Harmel[1], par exemple, un proche de Léon XIII, fut le promoteur du catholicisme social, à l'usine du Val-des-Bois, à Warmeriville.

Au XXe siècle, Mgr Suhard et Mgr Marty marqueront l'Église de Reims par leur esprit missionnaire, faisant de la capitale de la Champagne une porte ouverte sur le concile Vatican II. Ce sont ces deux évêques de Reims, à l'âme évangélique, qui ont été appelés à devenir, successivement, archevêques de Paris.

« La fidélité au siège de saint Pierre est un des fils conducteurs de l'histoire du diocèse[2]. »

1. Né dans les Ardennes.
2. Monsieur Patrick Demouy, déjà cité.

Mais, à ne pas oublier, cette riche histoire s'est forgée au travers de sombres événements tragiques dont cette région garde encore les stigmates. Reims et ses alentours ont été régulièrement la proie de nombreux envahisseurs. Pour ne parler que du xxe siècle, la guerre de 1914 fera de cette ville « la ville-martyre ». Quatre années de guerre ont détruit une très grande partie de Reims. Bombardé pendant deux jours, sans relâche, le centre n'est plus que ruines. La cathédrale est brûlée et elle en restera très fortement endommagée.

C'est dans un tel contexte que Louis Lochet voit le jour et grandit. Une grande partie de sa vie en sera marquée, imprégnée, façonnée.

Si nous nous sommes un peu attardés sur le passé de la ville de Reims, c'est justement pour mieux accueillir cet enfant dans « une histoire riche en expériences diverses, offerte à la méditation du jeune Louis. Dans une chapelle du séminaire de Reims, il retrouvait la figure des saints qui avaient marqué le diocèse, les évangélisateurs des premiers siècles, les éducateurs, les grands intellectuels, comme saint Bruno. Intelligence de la foi, amour de l'Église catholique, élan missionnaire, telles étaient les voies proposées à une âme ardente[1] ».

Une jeunesse avec des joies et des peines

De sa petite enfance nous savons peu de choses. Son neveu, Pierre[2], rapporte : « Dans notre famille, "l'oncle abbé" a été à la fois très présent et très discret. »

Louis est le troisième enfant d'une famille de cinq garçons. Avant lui, il y a Jean et Remi, après lui, François et Jacques.

---

1. *Idem.*
2. Père Pierre Lochet, prêtre à Paris.

Ses parents, Pierre et Marguerite, se sont mariés en 1906. Enfants de familles rémoises, de classe plutôt bourgeoise – l'un né en 1875, l'autre en 1884 –, tous deux sont bien enracinés dans l'histoire de cette région et de cette ville.

Pierre était négociant en vins. Il travaillait surtout dans le champagne tout en assurant divers autres travaux. De santé plutôt fragile, mais de grande intelligence, c'était un homme de contact avec une large ouverture, « non ringard, pas conservateur, pas intégriste[1] ». En 1948, un numéro du *Bulletin diocésain* donne de précieux renseignements sur l'engagement de cet homme.

> Distinctions pontificales :
>
> Sur la proposition de Son Excellence Mgr l'Archevêque, Sa Sainteté a daigné nommer [...] chevalier de l'Ordre de Saint-Grégoire-le-Grand[2] [...], Pierre Lochet [...]. Nous publions la citation : « Alors que l'Action catholique n'avait pas encore atteint l'ampleur qu'elle a prise aujourd'hui, Monsieur Pierre Lochet fut, il y a quarante ans, un initiateur, en fondant, dans le diocèse de Reims, l'Association de la jeunesse catholique et en devenant le premier président. Sa réputation de conférencier a dépassé largement les bornes du diocèse et sa parole a été appréciée dans plus d'un congrès en France. S'est encore acquis un titre à la reconnaissance de l'Église en assumant la charge de président diocésain des Conférences de saint Vincent de Paul. Ne cesse de donner dans cette fonction, l'exemple du plus actif, du plus apostolique et du plus compatissant dévouement. Son concours, ses avis sont précieusement accueillis dans diverses œuvres et initiatives qui ressortissent à la vie diocésaine. Sa paroisse bénéficie de l'édification qu'il lui donne par sa piété sincère et fervente. À son foyer, a germé la vocation sacerdotale d'un fils, membre distingué du clergé rémois[3]. »

---

1. Selon les mots contemporains de son neveu, père Pierre Lochet, déjà cité.
2. Cet ordre est conféré à des catholiques en reconnaissance de leur service à l'Église, de leur bon exemple dans leurs communautés et pays.
3. *Bulletin du diocèse de Reims*, 4 décembre 1948.

On dit même qu'un prêtre envisageait de faire une thèse sur un tel engagement[1].

De toute évidence, la jeunesse de Louis s'est déployée, au long des jours, dans cette atmosphère chrétienne, qui l'a profondément imprégné.

Quant à Marguerite Lochet, née Lefort, elle était considérée par la famille comme une femme de foi profonde. L'enfant Louis n'a-t-il pas été baptisé le jour même de sa naissance, en la fête de Notre-Dame du Mont-Carmel, dans la belle cathédrale de Reims, recevant les prénoms de Louis, Marie, Michel, avec pour parrain son frère aîné, Jean ? Patriote, elle écrivait des lettres à son mari où elle l'exhortait au combat : « Fais ton devoir. »

Mais elle traversa une grave épreuve de santé. Vers 1950, elle dut subir une opération au cerveau dont elle en gardera des séquelles. Louis en sera profondément affecté.

Ainsi, né dans un contexte de guerre, le jeune enfant connaît très tôt le chemin de l'épreuve. On raconte même qu'un obus est tombé près de son berceau ! Le papa doit partir au front. Très vite, la famille est forcée de prendre le chemin de l'exil pour se réfugier à Tours, dans une famille amie.

À la fin de la guerre, au mois d'août 1919, « il ne restait que sept maisons à Reims »[2], selon les dires des gens. La petite famille ira loger à Tinqueux, quartier ouest de Reims. Madame Andrée Marcotte de Sainte Marie, veuve de guerre depuis le 6 octobre 1915, leur a proposé d'habiter une petite dépendance, heureuse de pouvoir ainsi rendre service à des amis qui n'avaient plus de toit. Parents et enfants arrivent là, en urgence, acceptant, avec reconnaissance, une installation de fortune. C'est d'ailleurs de là qu'il y eut, en 1936, le mariage de Jean

1. Il serait intéressant de pouvoir la retrouver.
2. Rapporté par Monique Lochet, déjà citée.

Lochet et Jeanne Marquotte de Sainte Marie, qui deviendront les parents de six enfants, les futurs neveux du père Lochet.

La famille ne pourra revenir à Reims qu'au temps de la reconstruction de la ville. Elle s'installera au numéro 33 de la rue Boulard, dans le quartier de la cathédrale.

D'autres événements douloureux frappent la famille. En 1920, Louis, âgé de 6 ans, perd son jeune frère François, un bébé de 8 mois. Une lettre dit que la maman avait couché l'enfant le soir, alors qu'il était fort enrhumé. Il a été trouvé mort le lendemain matin. Deux ans plus tard, en 1922, son petit frère Jacques meurt à l'âge de 17 mois. Deuxième séparation… C'est beaucoup pour un jeune enfant. À nouveau, en 1929, Louis, qui n'a que 15 ans, a la douleur de voir mourir son frère, Remi, des suites d'une crise d'appendicite mal diagnostiquée. L'aîné de tous, Jean, meurt, terrassé par une leucémie, le 8 décembre 1949, à l'âge de 42 ans, laissant sa jeune veuve, Jeanne, avec six enfants de 10 à 1 an.

À 35 ans, Louis reste donc seul avec ses parents, tout en gardant des relations fidèles et aimantes avec Jeanne et ses six neveux. Il a toujours porté, silencieusement, la douleur de ces départs successifs. Plus tard, lors de ses noces d'or sacerdotales[1], il dira simplement : « Le Seigneur m'a beaucoup donné, Il m'a beaucoup repris. »

Ses études primaires et secondaires, il les a suivies à Reims, à l'école Saint-Joseph[2] tenue par les Jésuites. Il obtient un baccalauréat complet – latin, grec, philosophie – le 17 juillet 1931, à la Faculté des sciences et des lettres de l'Université de Paris, avec la mention A[3].

1. Le 6 mars 1988 à Châteauneuf-de-Galaure, Drôme.
2. Au 37 rue de Venise, Reims.
3. Cela correspond à une moyenne de 16 sur 20.

Louis Lochet est, dit-on, « brillant élève, souvent en tête de classe et aussi, élève joyeux, plein d'humour[1] ». En juillet 1931, dans *Le Sourire de Reims*[2] on peut lire, « au tableau d'honneur : excellence et diligence du dernier trimestre : Philo : Lochet ».

On perçoit déjà chez lui un goût prononcé pour l'écriture, ainsi qu'on peut le constater dans un article intitulé « La fête des philosophes », paru dans ce même bulletin.

> Quelle aubaine pour les amateurs d'« anges au sourires », s'ils s'étaient trouvés, rue de Venise, le matin du mercredi 6 mai ! Ils auraient pu en contempler une trentaine en liberté !
>
> C'étaient nous les philosophes, qui célébrions dignement la fête de notre modèle et patron, saint Thomas.
>
> Bien qu'habitués à supporter tout, d'un cœur égal, nous aurions eu mauvaise grâce à n'être pas spécialement joyeux, ce matin-là. Confortablement juchés sur un autocar, dernier modèle, sous un ciel d'un bleu d'autant plus admirable qu'il était exceptionnel, nous tournions le dos au collège dont nous emportions, cependant, ce qu'il a de meilleur : de charmants professeurs et une atmosphère de camaraderie joyeuse.
>
> La chance nous accompagna jusqu'à Dormans où elle nous fit rencontrer, dans la basilique même qui est son œuvre, Mgr Tissier. Grâce à son auguste présence, nous eûmes une audition spéciale des cloches nouvellement installées ; on fit une visite approfondie des deux chapelles du cloître et de l'ossuaire ; grâce à sa bonté, enfin, il nous fut permis de monter au clocher, ce qui nous procura le plaisir esthétique de voir, de haut, l'immense étendue de la plaine, fleurie par le printemps ; et la jouissance musculaire de monter et de descendre à vive allure la pente rapide d'un escalier en colimaçon.
>
> Conscients d'avoir fait une visite complète, nous nous dirigeâmes vers le « Cadran » où une auberge campagnarde offre aux voyageurs, au milieu des bois, repos et nourriture.

1. Selon Nicolas Warnier, fils de François Warnier, grand ami du père Lochet, Reims.
2. Bulletin trimestriel de l'École Saint-Joseph.

> L'hôtesse affable nous attend. Elle s'est munie, pour nous recevoir, du plus aimable des sourires. Cher sourire ! (Si nous en jugeons par la note !)
>
> Charmés de cette réception, nous commençons aussitôt à déjeuner... en conscience. Quand tous furent rassasiés, chacun prit la parole à son tour. Toasts remarquables par leur nombre, leur simplicité et leur brièveté ! Les toasts finis, le café pris, tout semblait indiquer une promenade dans les bois, et bientôt les taillis et les fourrés furent remplis de philosophes qui se promenaient, jouaient, causaient, chantaient, discutaient, couraient, s'ébattaient, se battaient, en un mot, philosophaient.
>
> Mais hélas ! Le temps passe vite, quand il n'y a plus d'horloge pour scander les quarts d'heure, et il fallut repartir, saisis soudain par ce sentiment indéfinissable qui vous étreint, lorsqu'on s'aperçoit, tout à coup, qu'un espoir de joie n'est déjà plus qu'un souvenir.

Dans cet article, on respire une belle atmosphère de joie, de partage, et d'amitié, non sans quelques délicates pointes d'humour ; climat que le père Lochet a toujours affectionné et qu'il aura toujours à cœur de créer.

Il termine son cycle secondaire par une retraite de fin d'études, en juin 1931[1]. Et aussitôt, il entre au Grand Séminaire de Reims[2]. Selon les informations données dans le *Bulletin du Lycée*[3], sur les vingt et un jeunes de la promotion 1931, six se consacrent à Dieu : deux dans la Compagnie de Jésus, un chez les Chartreux, deux au Grand Séminaire Saint-Sulpice, un seul au Grand Séminaire de Reims, c'est Louis Lochet. Pendant ces deux années, il suit la philosophie scolastique et reçoit, le 29 juin 1933, la tonsure, l'ostariat[4] et le lectorat.

1. Manuscrit, père Louis Lochet, Archives de Reims.
2. 6 rue du Lieutenant-Herduin.
3. *Le Sourire de Reims*, Noël 1931.
4. Ordre de portier et sonneur des cloches.

Sa mère aimait dire : « Louis a toujours voulu être prêtre. Un jour, tout petit, il a dû exaspérer son institutrice à ce sujet. À son geste d'agacement, il a répondu : "C'est moi qui ferai votre enterrement, et y chanterai la messe."[1] »

Le mûrissement d'une vocation à l'ombre d'une épreuve

De ces deux premières années de séminariste, nous n'avons guère d'échos. Mais selon le père Abelé, Louis était encore particulièrement bon élève. C'est pour cela qu'il aurait été envoyé à Rome, pour continuer ses études. Il partit donc, au Séminaire français de Rome, en octobre 1933.

Nous avons plusieurs de ses lettres, adressées au Supérieur de ce Séminaire, entre septembre 1933 et juin 1938. Ces correspondances donnent d'utiles renseignements sur le vécu de ses quatre années de formation théologique. Elles font ressortir sa préoccupation majeure : les obligations militaires que tout jeune homme devait accomplir. À chaque automne, il revenait en France pour répondre à la convocation du Service des armées. Mais après quelques semaines, on finissait par l'ajourner pour raison de santé. Alors, il revenait à Rome pour reprendre les cours mais ces absences ont incontestablement pesé sur ses études, régulièrement entrecoupées.

En effet, à l'automne 1935, il reçoit sa feuille de route pour rejoindre, le 21 octobre, une garnison à Metz.

Mais, dès le 12 novembre, il écrit au père supérieur de Rome :

> Depuis longtemps déjà, j'aurais voulu vous dire ce que je devenais et combien je restais uni à la vie du séminaire français. J'attendais, pour le faire, d'être enfin fixé sur mon sort, mais puisque je ne sais encore rien de définitif, je ne veux

1. Monique Lochet, déjà citée.

> pas tarder davantage [...]. On se demande même si on va me garder comme soldat. Je dois passer ces jours-ci devant un « conseil de réforme » qui décidera de mon sort ; soit je passe au service auxiliaire, soit je serai ajourné, c'est-à-dire renvoyé à l'année prochaine, ce qui me paraît, malheureusement, assez probable[1].

Un an plus tard, c'est toujours, la même incertitude. Il vient de prendre une semaine de repos complet et de bon air dans les Alpes.

> À mon retour m'attendait une lettre qui ne m'a pas fait grand plaisir. Il s'agit d'une convocation à aller passer un dernier conseil de révision le 30 septembre. Je crains qu'étant donnée la situation internationale, on ne soit pas très généreux en réformes, en ce moment. Enfin, à la grâce de Dieu. Mon retour au mois d'octobre au séminaire français, que j'avais cru pouvoir vous annoncer comme certain, ne l'est donc plus, en ce moment. J'espère cependant que tout cela s'arrangera, et vous tiendrai au courant, dès que j'aurai une réponse définitive[2].

Un an s'écoule encore et il écrit à nouveau : « Vous savez que tous mes désirs vont à Rome. Cependant je n'ai toujours reçu aucune nouvelle des autorités militaires et suis encore dans la même incertitude, en ce qui concerne mon service[3]. »

Il n'apprendra officiellement qu'il est réformé du service militaire que le 7 janvier 1938. Il lui aura fallu attendre trois ans – une attente qu'il appellera temps de « l'ennui de l'incertitude[4] » – avant de pouvoir être fixé, quant à ses obligations militaires :

1. Lettre du 12 novembre 1935.
2. Lettre du 25 septembre 1936.
3. Lettre du 11 octobre 1937.
4. Lettre du 26 décembre 1937.

> Cette décision qui m'ouvre la voie des grandes ordinations tant désirées, et aussi le chemin du retour vers Rome, me cause, vous le comprendrez facilement, une bien grande joie ; et il ne me reste plus qu'à remercier la Providence d'avoir bien voulu arranger, en ce sens, une situation, qui, il y a quelques semaines, paraissait si sombre.

Mais il termine sa lettre ainsi : « Malheureusement, les considérants dont les médecins ont entouré cette réforme me laissent un peu inquiet[1]. »

Libéré du souci du service militaire, voilà que se profile à l'horizon une nouvelle épreuve : celle de la maladie.

> À l'examen radiographique, ils ont découvert, en effet, que j'avais eu plusieurs petites plaies, au poumon gauche, aujourd'hui cicatrisées, et qu'il me restait une petite lésion, en haut du poumon droit, qui serait encore en évolution, quoique en bonne voie vers la guérison. Les deux médecins, qui m'ont examiné, m'ont dit qu'il me faudrait prendre beaucoup de précautions et, si je voulais reprendre mon travail, me faire suivre de très près par un médecin, et m'assurer d'un nombre suffisant d'heures de repos. Je sais bien qu'au Séminaire français, on fera tout ce qui sera raisonnablement possible pour que je puisse continuer, mais je crois qu'il vaut mieux que je consulte à Reims, avant de repartir, un bon médecin, qui me dira exactement ce qu'il en est, et si les soins et les précautions qui me seraient nécessaires sont compatibles avec le règlement du séminaire. Dès que je saurai le résultat de cette consultation, je vous écrirai de nouveau, mon Père, pour vous le soumettre[2].

Très vite, une semaine après, le 15 janvier 1938, le verdict tombe :

---

1. Lettre du 7 janvier 1938.
2. *Idem.*

> Après vous avoir annoncé de si joyeuses nouvelles, voici que je suis obligé, ce soir, de venir vous en dire une qui me peine bien et qui, j'en suis sûr, vous ennuiera aussi. Le médecin spécialiste des poumons que j'ai été consulter à Reims me déconseille formellement de retourner à Rome et m'ordonne, au contraire, un repos complet et un séjour de quelques mois, dans un sanatorium, probablement à Thorenc où je vais écrire tout de suite. Vous devinerez, sans peine, que cette décision a été, pour moi, une vraie déception. Ce m'était une si grande joie de penser rentrer, bientôt, au Séminaire français. Mais il est certainement plus raisonnable de suivre l'avis de ce médecin. D'ailleurs le cardinal, à qui j'ai été aussitôt soumettre le résultat de cette consultation, m'a fait un devoir d'accepter cette décision comme étant la volonté de la Providence[1].

Ces quatre années d'incertitudes, face à ses obligations militaires et durant ses études, ont réclamé constamment de Louis, patience, confiance, abandon et courage. « Que sera cette nouvelle année pour moi ? Je ne le sais pas encore[2]. » Il a pu exprimer, parfois nettement, sa déception, sa contrariété, son déplaisir. Et pourtant, assez vite, il veut voir dans l'événement la main de Dieu et il s'y abandonne. « Enfin je confie tout cela à la Providence. Qu'elle me mène comme elle voudra, là où elle voudra. Elle a été si bonne pour moi jusqu'à présent que je serais bien ingrat de n'avoir pas confiance en elle[3]. »

Ce qui soutient beaucoup Louis, c'est son amour pour Rome, son attachement, presque vital, au Séminaire de Rome qu'il appelle « notre chère communauté ». Que de fois laisse-t-il déborder la joie de son cœur à l'idée de pouvoir vite y revenir en attendant les décisions futures du régiment !

> Me voici donc en liberté provisoire, pour un an […]. Je ne puis vous dire, mon révérend père, combien de joie me

1. Lettre du 15 janvier 1938.
2. Lettre du 26 décembre 1937.
3. Lettre du 12 novembre 1935.

> donne cette décision. Retrouver le séminaire, Rome, une atmosphère de vie surnaturelle, tout cela dont je comprends un peu mieux le prix maintenant, pour en avoir été privé, quel bonheur ! Mais trouverez-vous encore de la place pour moi, dans la maison de famille déjà bien remplie ? Je n'attends plus qu'un signe de vous pour reprendre le train, avec allégresse, vers Rome, accourir aux pieds de la « *Tutela domus*[1] ».

Faut-il y voir, déjà là, la semence de son amour indéfectible pour l'Église et de son attachement fidèle et filial à son égard ? Par ses correspondances, nous pressentons tout un travail intérieur qui semble se faire en Louis… toute une maturation…

Sa foi éprouvée demeure ferme, inébranlable et profonde. Et combien, déjà, se profile le futur apôtre, au cœur soucieux de la vie de ses frères !

Il est à Metz, c'est le 12 novembre 1935, pas encore fixé sur son sort. Il écrit :

> Je suis, en effet, dans un bon régiment, où tout le monde a été accueillant, parfois même avec des attentions délicates pour « le curé ». Oui, on ressent vivement la privation du Séminaire, surtout le manque de communion et de silence. Mais peut-être, par là, comprend-on encore mieux le prix de la grâce ; avoir partout et toujours, malgré tout et à travers tout, Dieu avec nous. Comme c'est un secret de joie, capable de remplir tous les vides et les désœuvrements d'une vie de caserne ! Malheureusement, combien il y en a peu qui le connaissent, qui l'aiment vraiment comme un Père !
>
> Comme on est heureux alors de penser qu'on est soutenu, au milieu de tant de faiblesses, par les prières du Séminaire ! Heureux aussi de pouvoir offrir ses journées, en union avec la messe de communauté, afin que le Bon Dieu soit, sans cesse,

1. Lettre du 16 novembre 1935. Titre inscrit sur le socle de la statue de la Vierge Marie, à la porte du Séminaire des Français, qui signifie « gardienne de la maison ».

plus aimé au Séminaire français, afin que son Amour germe enfin, ici, dans tous ces pauvres cœurs[1].

Des études perturbées mais brillantes et fructueuses

On pourrait croire que cette période où Louis Lochet se trouve dans l'incertitude, « assis entre deux chaises », marque un arrêt dans ses études. Non. Quand il est à Rome, il continue à étudier vraiment, comme il le peut sans doute, mais il continue à bien travailler, à faire des recherches qu'il accompagne de réflexions approfondies. Il est intéressant de s'arrêter sur une de ses lettres datée du 23 août 1936 et envoyée à « un révérend père de Rome » :

> Vous serez peut-être étonné, mon révérend père, de trouver, sous cette même enveloppe, tout un petit rapport sur la « place de saint Thomas dans nos études ». C'est la réponse à une demande que vous m'avez faite, pendant l'année, et dont vous ne vous rappelez peut-être plus. Un jour que je vous disais regretter qu'on ne fasse pas une plus grande place à l'étude de saint Thomas, dans les cours de l'Université Grégorienne, vous m'avez dit de vous mettre, tout simplement, par écrit, ce que je pouvais désirer sur ce point. Voici le résultat de mes réflexions. Ce qui m'encourage à vous les soumettre, c'est que toutes les idées et les désirs exprimés là, je les ai déjà proposés, en particulier au père Laurent, qui m'a dit penser exactement de même.
>
> Mais je vous demande, mon révérend père, si vous trouvez cette manière de faire, déplacée, ou ces idées, inexactes ou inopportunes, de vouloir bien tout mettre au panier, et me pardonner de vous avoir dit ainsi, en toute simplicité, tout ce qui me tenait au cœur[2].

1. Lettre du 12 novembre 1935.
2. Lettre du 23 août 1936.

Sur une photo prise à Rome[1], on voit le jeune séminariste avec des sommités ecclésiastiques. On y reconnaît le cardinal Eugène Tisserant. Érudit, diplomate et homme de terrain, il a été l'une des figures marquantes de l'Église romaine de la première moitié du XXe siècle. Mais nous aurions aimé en savoir davantage sur cette photo…

Louis étudie et les appréciations que l'on relève dans son dossier scolaire font état de son acuité intellectuelle et de son envie d'apprendre.

> 1933-1934 : Très bons débuts. Travailleur, dont la curiosité intellectuelle a besoin d'être guidée.
>
> 1935-1936 : Excellent élève : intelligent, personnel, cherche à approfondir les questions.
>
> 1936-1937 : Excellent à tous égards : très bonne intelligence, esprit sûr et solide, capable de travail vraiment personnel. Licence en théologie : « *cum laude* »[2].

Mais ce même dossier se termine ainsi : « 1937-1938 : doit interrompre cette cinquième année pour entrer au sanatorium de Thorenc. »

Louis Lochet ne peut donc retourner à Rome. Il est profondément atteint par cette nouvelle. Pourtant, comme les autres fois, il l'accueille avec déception certes, mais en essayant de rebondir, sans se laisser écraser par l'événement. Il cultive en lui un élan intérieur.

> Cela est un peu ennuyeux de voir ainsi, coupée, cette année de doctorat, sans savoir si je pourrais jamais la reprendre. Dans la mesure où on me le permettra, je pense continuer

1. Retrouvée dans les archives familiales, sans commentaire, cf. cahier photos, planche II.
2. « Avec félicitations ».

> tout doucement ma thèse, peut-être pourra-t-elle me servir tout de même un jour; en tout cas, cela oriente mon travail.
>
> Je vous remercie, mon Père, de la lettre si paternelle que vous m'avez envoyée ; je ne sais quand je retrouverai le Séminaire français, ni si la Providence permettra que je le retrouve, mais chaque fois que j'y penserai, ce sera avec des sentiments de fraternelle affection pour tous les élèves, et de très respectueuse reconnaissance pour tous les Pères, qui m'ont fait tant de bien durant ces quatre dernières années[1].

Les archives du Séminaire français à Rome confirment bien que la licence a été obtenue là, avec pour thème : « Les Missions divines » (l'inhabitation de la sainte Trinité dans l'âme des justes). Mais rien n'indique s'il y a mené à bien son projet de doctorat[2].

Il est remarquable de voir que, dans l'ensemble de ses lettres, malgré les épreuves successives, Louis a toujours tissé des liens très fraternels avec tous, en réciprocité d'ailleurs. Il a su garder aussi un cœur affectueux et plein de reconnaissance pour chacun.

Et quelle n'est pas sa joie, lorsqu'il apprend, de Son Éminence le cardinal, ses prochaines ordinations au sous-diaconat, au diaconat et même au sacerdoce ! « Ces grandes ordinations tant désirées[3] ! »

> Vous avez, sans doute, déjà reçu la lettre par laquelle je vous ai annoncé comment mon espoir de retourner à Rome avait été déçu par la décision du médecin. Comme il est probable qu'il n'y aura pas de place, tout de suite, à Thorenc[4] où l'on m'envoie, me voici pour quelque temps

1. Lettre du 15 janvier 1938.
2. Nous n'avons encore aucune trace.
3. Lettre du 7 janvier 1938.
4. Dans les plateaux des Alpes-Maritimes, au-dessus de Nice.

> au repos à Reims. Son Éminence le cardinal[1] a bien voulu m'appeler à recevoir, pendant ce temps, le sous-diaconat et le diaconat ; et c'est cette bonne nouvelle que je veux annoncer au Séminaire, en me recommandant aux prières de tous. En ces jours d'ordination, j'aurai aussi une pensée toute spéciale pour tous ceux qui, au Séminaire français, m'ont préparé à ces grandes joies... ordination qui aura lieu, pour le sous-diaconat, le 30 janvier, et pour le diaconat, le 13 février[2].

Louis entre alors de plus en plus dans la joie ; joie que Dieu donne à ceux qui lui répondent, jour après jour, au travers de tout événement, au creux de l'imprévisible, avec un cœur abandonné, confiant ; quoi qu'il en coûte.

> En ce soir de mon sous-diaconat, je me sens dans une bien grande joie et une grande paix, et je remercie le Bon Dieu qui m'a conduit là. Je le remercie, en particulier, de m'avoir conduit là, en passant par le Séminaire français, car cette joie de ce soir, c'est durant ces quatre dernières années qu'elle a été lentement préparée. Permettez-moi, ce soir, de vous en remercier encore une fois [...]. J'ai eu la joie d'avoir, ce matin, à mon ordination, un de mes confrères du Séminaire français, M. Lebrun, actuellement en garnison à Mourmelon. J'espère qu'il pourra venir assister aussi à mon diaconat et à l'ordination sacerdotale, concrétisant ainsi, près de moi, la fraternelle amitié de Rome, que plusieurs lettres m'ont redite, et que je sens bien proche, en ce jour.
>
> Le cardinal désire, en effet, que je sois prêtre, avant de partir à Thorenc, et c'est là, une grande bonté de sa part, car, sans aucun doute, la messe quotidienne transformera ma vie, là-bas. Il pense donc m'ordonner dans quinze jours, le 13 février, et prêtre, peu de temps après, peut-être même dès le dimanche suivant. Après m'avoir donné d'attendre ces grandes ordinations, le Bon Dieu semble vouloir maintenant me faire rattraper ce retard. Aidez-moi s'il vous plaît, mon Père, à me

1. Cardinal Suhard, archevêque de Reims.
2. Lettre du 18 janvier 1938.

préparer à de si grandes grâces, et veuillez agréer l'honneur de ma très respectueuse et très filiale reconnaissance[1].

Enfin la joie d'être prêtre !

Jour tant attendu par celui qui a été soumis à l'école de l'épreuve ! Sa joie est à son comble, joie profonde, joie indicible...

> Les lettres nombreuses qui me sont venues de Rome, ces jours-ci, et la vôtre en particulier, m'ont vraiment touché, en me faisant sentir que le Séminaire français était bien près de moi, en ces grands jours de joie. Je n'essaierai pas de vous dire combien je suis heureux, vous le devinez facilement et, connaissant vous-même cette immense joie du sacerdoce, vous savez qu'elle est si profonde qu'on ne sait pas la dire.
>
> Moi aussi, j'ai pensé souvent au Séminaire français, ces jours-ci. J'ai eu ce matin, à ma messe, un moment spécial pour lui, et je dirai ma messe, le 3 mars, pour toute la communauté. Ce m'est une grande joie de pouvoir ainsi manifester ma reconnaissance pour le Séminaire d'une manière vraie et efficace [...].
>
> Je vous remercie encore, mon révérend père, des prières dont vous avez bien voulu entourer mes ordinations, de toute la sympathie dont le Séminaire français m'a comblé et je vous prie d'agréer l'expression de mon très respectueux et très filial attachement.
>
> Louis Lochet, prêtre[2]

On devine l'émotion qui a dû le saisir, lorsqu'il a signé, pour la première fois : « Louis Lochet, prêtre. »

---

1. Lettre du 30 janvier 1938.
2. Lettre du 24 février 1938.

III

L'ENSEIGNANT À L'ÉCOUTE DE DIEU ET DE LA VIE

Le 18 octobre 1941, le *Bulletin du diocèse de Reims* annonce officiellement : « Monsieur l'abbé Lochet est nommé directeur au Grand Séminaire[1]. »

Le 27 septembre 1947, nouvelle nomination : « Nos clercs feront désormais au Petit Séminaire[2] la première année de philosophie. Monsieur l'abbé Lochet, directeur au Grand Séminaire, est nommé titulaire de cette classe et directeur de la maison[3]. »

Cette mission, au service de la formation et de la vie des séminaristes, pendant une dizaine d'années, devra d'abord prendre racine, durant trois années de mise à l'écart, pour raison de santé. Quelques documents, trouvés dans des archives, permettent d'entrer un peu dans la profondeur du vécu de cette période.

Remontons au « Grand Jour » du 20 février 1938. Il est très étonnant de lire la toute petite annonce de l'ordination de Louis Lochet, dans le *Bulletin du diocèse* :

> Samedi 19 février 1938 n° 8
>
> Bulletin pastoral, historique et social
> du diocèse de Reims

---

1. Au 6 rue du Lieutenant-Herdouin.
2. Au 33 rue Raymond-Gaillot.
3. *Bulletin du diocèse de Reims*, 27 septembre 1947.

Partie officielle

La semaine de Son Éminence Mgr l'Archevêque

Son Éminence, le dimanche 20 février, à 7 heures, en la chapelle du Grand Séminaire, ordonnera prêtre Monsieur l'abbé Lochet[1].

Pourquoi être ordonné en plein hiver, à 7 heures du matin ? Pourquoi dans la chapelle du Séminaire, et de plus, seul ? C'est qu'il fallait rejoindre le sanatorium !

Ainsi, l'abbé Lochet commence sa vie de prêtre, loin des solennités, dans le silence du cœur qui ouvre à la grandeur de Dieu.

Déjà, il lui est donné de percevoir l'immense cadeau de l'Eucharistie avec toute sa fécondité. Plusieurs fois, il l'exprime. « Je dirai ma messe le 3 mars, pour toute la communauté. Ce m'est une grande joie de pouvoir ainsi manifester ma reconnaissance pour le Séminaire, d'une manière vraie et efficace[2]. » Pour son premier Jeudi saint, en tant que prêtre, alors qu'il est arrivé à Thorenc[3], il écrit à nouveau : « C'est une joie, pour moi, d'avoir maintenant, à la messe, un moyen vraiment efficace de témoigner à tous mon affection et ma reconnaissance[4]. »

Ce que rappellera plus tard Vatican II : « C'est donc de la liturgie, et principalement de l'Eucharistie, comme d'une source, que la grâce découle en nous et qu'on obtient avec le maximum d'efficacité cette sanctification des hommes dans le Christ, et cette glorification de Dieu, que recherchent, comme leur fin, toutes les autres œuvres de l'Église » (SL 10).

1. Mgr Suhard, déjà cité.
2. Lettre du 24 février 1938, envoyée au Séminaire de Rome.
3. Sanatorium, Alpes-Maritimes.
4. Lettre du Jeudi saint 14 avril 1938, envoyée au Séminaire de Rome.

L'abbé Lochet part donc à Thorenc, en mars[1]. Il semble y partir avec confiance :

> La Providence me conduit avec une maternelle délicatesse et je pars là-bas sans aucune appréhension, dans la joie au contraire de passer ces premiers mois de sacerdoce dans un si parfait recueillement et dans une atmosphère très surnaturelle. Je serai heureux de retrouver là-bas Monsieur Boinot, Monsieur Vaxclaire et peut-être bientôt, d'après ce qu'ils m'écrivent, les frères Leroux. Ce sera une vraie petite communauté romaine, où, j'en suis sûr, la joie ne manquera pas[2].

Besoin de recueillement pour un cœur à cœur avec Dieu, besoin de continuer à vivre dans un climat fraternel et joyeux, en employant à nouveau le terme « communauté » : une constante que nous retrouverons, tout au long de sa vie.

Thorenc[3] !

Ce lieu fut choisi, par l'Assemblée des cardinaux et archevêques de France, pour la création d'un sanatorium destiné au clergé. En effet, dans les années 1920, la maladie de la tuberculose battait son plein sur la terre de France. Le fléau n'épargnait pas le clergé, affaibli lui aussi, par les fatigues de la guerre et les privations qu'il avait fallu endurer, durant l'enfance.

À proximité de Grasse, la région de Thorenc, appelée « Suisse provençale », bénéficie d'un excellent climat, de nombreuses journées d'ensoleillement, avec un ciel très bleu et très pur ; le brouillard y est inconnu.

Sous la responsabilité administrative du diocèse de Cambrai, ce centre a commencé en 1928 avec soixante-cinq

1. Selon le manuscrit biographique, Archives, Diocèse de Reims.
2. Lettre du 24 février 1938, *ibid.*
3. Cahier photos, Archives, Diocèse de Cambrai, cf. cahier photos, planche II.

chambres. À l'époque de l'abbé Lochet, il en comportait cent dix, le chiffre le plus élevé depuis l'origine. C'est dire l'ampleur du fléau qui faisait des ravages. Son fonctionnement était assuré, grâce à la générosité des catholiques de France et aux dons. Le pape Pie XI portait une affection toute paternelle à cette maison. Il parlait de « nos chers fils, les prêtres du sanatorium. » Il s'informait en détail de sa bonne marche, de ses besoins, et s'appuyait sur la prière des malades. Les archives de Cambrai disent qu'il fut le premier et un des plus grands bienfaiteurs de cette Œuvre.

Un personnel médical, dévoué, compétent et spécialisé, dispensait dans un climat de vie spirituelle, les soins les plus appropriés.

Une vie de malade

C'est là que l'abbé Lochet arrive en mars 1938. Il devra se soumettre, de 11 heures du matin jusqu'à l'Angélus du soir, aux longues heures de cure de repos réglé, cure de grand air, à des heures fixes, la plupart en silence, [...] sur son lit, sur une chaise longue ou dans un petit abri individuel, appelé par les malades « ermitage ».

Ses journées vont se dérouler selon un horaire à observer strictement, favorable autant à la santé du corps que de l'âme, véritable vie érémitique.

Cependant, tous les efforts sont déployés autour des repas et des quelques récréations, pour y vivre une ambiance de vie de famille et y faire régner la joie, la gaieté, facteurs d'une guérison plus rapide, dans une grande charité mutuelle.

Un supérieur ecclésiastique nommé par la Commission épiscopale de France assure la direction spirituelle.

Nous avons les deux dernières lettres de l'abbé Lochet, écrites au début de son séjour et envoyées au Séminaire de Rome. Elles reflètent bien cette ambiance :

> Le premier mois déjà passé m'a fait du bien ; l'atmosphère de la vie de communauté très joyeuse et vraiment surnaturelle est excellente. D'ailleurs, venir ici comme jeune prêtre, c'est arriver avec des réserves de force et de joie, que viennent renouveler les messes quotidiennes[1].

Jamais centré sur lui-même, il a toujours le réflexe de donner des nouvelles de l'un ou de l'autre. Par exemple :

> Monsieur Boinot a dû subir, il y a quelque temps, une petite opération qui doit rendre son pneumo plus efficace. Cela s'est bien passé et il est de nouveau sur pied maintenant : son entrain ne l'a pas quitté [...]. Monsieur Vaxclaire, lui, est toujours un malade couché, et sans doute encore pour longtemps, mais son état s'améliore cependant peu à peu[2].

Il sait se réjouir de ceux qui vont mieux ou qui sont en bonne santé :

> Nous avons eu le plaisir de voir passer, ici, ces temps derniers, plusieurs anciens : Monsieur Vaille, Monsieur Claudel, et le plaisir plus grand encore de savoir bientôt qu'ils n'étaient venus, parmi nous, que pour un voyage d'agrément et que ni l'un ni l'autre n'avaient quelque chose au poumon[3].

Il profite de toutes les occasions pour savourer un instant de joie, un motif d'émerveillement, pour s'ouvrir à un souffle nouveau ou pour exprimer simplement sa reconnaissance ; ainsi l'article qu'il a écrit lui-même et intitulé « Un visiteur apostolique à Thorenc » :

> Cette amitié, le révérend père Mollat nous l'a manifestée en recevant tous les séminaristes [...], en s'intéressant à notre vie, en nous racontant les conclusions et les impressions

---

1. Lettre du Jeudi saint, 14 avril 1938, *ibid.*
2. *Idem.*
3. Lettre du 21 juin 1938 envoyée au Séminaire de Rome.

intéressantes qu'il a recueillies dans ses séjours, en de nombreux séminaires de France.

Le 9 février, à midi, nous recevions des mains du révérend père la bénédiction papale, que sa mission lui donnait le pouvoir de nous conférer. Nous ne nous doutions guère alors que nous devions apprendre, le lendemain matin, la mort du Souverain Pontife. [...] Ce grand pape auquel notre sana doit tant. Et ce n'est pas sans émotion que nous pouvions penser que Sa Sainteté Pie XI avait ainsi donné, à ses enfants de Thorenc, comme une marque ultime de son affection, peut-être la dernière bénédiction de son pontificat[1].

Le séjour semble bien se dérouler, sans trop de complications. Et pourtant, on perçoit çà et là une interrogation, un germe de lassitude, voire même du découragement... En même temps que les soins, il espérait pouvoir continuer ses études, guérir vite et sortir rapidement, mais :

Le temps du travail est assez limité... je continue tout doucement la thèse commencée, sous la direction du père Arnou, sur les Missions divines. Si j'avais pu finir le doctorat entrepris, cela m'aurait fait plaisir, mais pour l'instant je ne vois pas très bien comment. C'est surtout la question de la scolarité qui me paraît difficile à arranger. Mais si le Bon Dieu le veut, il saura bien aplanir toutes les difficultés[2].

Nous sommes fort bien soignés ici, et cependant notre plus grand désir est d'en partir le plus tôt possible. Pour moi, je ne sais encore quand ce sera. Depuis trois mois, il n'y a, à peu près, aucun changement. Il est donc à peu près sûr, maintenant, que je resterai ici, au moins jusqu'au printemps prochain. Cela a été une déception pour moi, car j'avais espéré d'abord retourner à Reims pour l'hiver[3].

1. Revue *Sanatorium du clergé*, janvier-février-mars 1939, Archives, Diocèse de Nice (interne à la maison).
2. Lettre du 14 avril 1938, déjà citée, p. 35.
3. Lettre du 21 juin 1938, déjà citée, p. 37.

L'horizon se boucherait-il ?

Depuis lors, plus de signe de la part de l'abbé Lochet. Il semble être entré dans un grand silence : silence d'affliction ? Silence des rêves perdus ? Silence teinté de questionnements, de crainte du lendemain ? Sauf un très court article, signé de son nom[1], qui parle uniquement de la vie de Monsieur André Tavernier, prêtre de Bourges. Celui-ci est arrivé le 25 mars 1938, en même temps que lui, et il va mourir dans la maladie.

Peut-être l'abbé Lochet se projette-t-il dans ce prêtre :

> [Il] avait au cœur un profond apostolat religieux et social [...], surtout parmi les jeunes gens [...], il sera tout à eux [...], il a donné tout son cœur [...], sa vie. Maintenant la souffrance [...] vient parachever cette vie de dévouement [...]. Sa piété ne se traduit pas au-dehors, par beaucoup de phrases, elle se livre parfois, dans un petit mot ou un regard, [...] épuisé par des semaines de maladie, il souffre beaucoup. Un confrère l'aide à se mettre en cure tant bien que mal et lui de conclure simplement en le remerciant : « Les Missions seront bien servies aujourd'hui. » [...] Il part rejoindre au Ciel celle qu'il avait dû invoquer bien souvent [...] sous le nom de « Notre Dame du bien mourir[2]. »

D'ailleurs, que peuvent vivre ces malades durant une journée de sanatorium ?

Sur l'austère règlement intérieur, on glane : « 13 h 30 : cure de silence et de repos absolus. Défense d'écrire ; si possible s'abstenir de toute lecture ; on ne reçoit aucune visite [...]. Vivre le plus possible au grand air ; s'habituer à dormir la fenêtre largement ouverte. »

Et à quoi peuvent-ils occuper leurs pensées ?

---

1. Revue *Sanatorium du clergé*, octobre-novembre-décembre 1938, Archives du diocèse de Nice.
2. *Ibid.*

La souffrance... féconde ?

Dans une lettre écrite à leurs bienfaiteurs, on devine un peu, leur état d'âme :

> Grâce à votre inépuisable charité, les séminaristes et les prêtres peuvent retrouver leur énergie et leurs forces anéanties par la maladie, affiner et grandir leurs âmes dans l'épreuve et le sacrifice, conserver le doux espoir de prendre ou de reprendre leur place dans l'immense champ du Père de Famille.
>
> Les malades reconnaissants[1]

De même, dans la prière, écrite au verso d'une image représentant le prêtre unissant sa souffrance à celle du Christ, ils s'expriment en ces termes :

> Jésus, Souverain Prêtre, tournez vos regards compatissants vers vos prêtres et vos séminaristes malades.
>
> Apprenez-leur à bien supporter l'épreuve qu'ils endurent [...]. Enseignez-leur à bien en profiter pour leur sanctification personnelle et la préparation à leur apostolat. À la suite de la Sainte Vierge et d'une multitude de saints, ils sont les membres souffrants d'un corps mystique dont vous êtes le Chef crucifié ; aidez-les à compléter généreusement, comme eux, dans leur chair, ce qui manque à votre Passion pour le rachat du monde.
>
> Fortifiez le lien de charité qui les rapproche de vous et les unit entre eux. Guérissez-les, afin qu'ils puissent aller rejoindre bientôt, les ouvriers trop peu nombreux de votre vigne.
>
> Daignez bénir et récompenser ceux qui leur sont dévoués[2].

Est-ce le temps de désert, toujours favorable à Dieu, pour attirer davantage l'abbé Lochet à Lui ? Le temps d'accueillir sa souffrance offerte, pour faire craquer les limites de son cœur et

---

1. Archives du diocèse de Cambrai, 1932.
2. *Ibid.*

élargir du même coup ses désirs profonds et ses capacités ? Et par cette blessure du cœur, le conduire vers une compréhension plus profonde de sa Personne et de ses Mystères divins ? Creuset de la Croix où Dieu se donne davantage.

Peut-être fait-il déjà l'expérience, en son être de ce qu'il découvrira plus tard chez Marthe Robin. « Méditons la vie ! [...] Bénissons l'épreuve ! [...] Tenons-la pour une grâce incomparable et d'une valeur infinie. Car elle est souvent, pour ne pas dire toujours, le temps favorable à Dieu [...] et le temps favorable à Dieu, c'est le temps des miracles et des féconds agissements[1].

À la demande du pape, le sanatorium a été consacré au Sacré-Cœur de Jésus. En cela, on peut imaginer le réconfort apporté à l'âme de l'abbé Lochet qui avait demandé, dès son ordination, à entrer dans la Société des prêtres du Cœur de Jésus. Cependant, ici, rien ne transparaît de cette communion intime.

L'abbé Lochet a dû quitter le sana vers le mois de juin 1939, mais pour continuer sa convalescence. Avec une pointe d'humour, il est écrit dans la revue du sanatorium : « Au repos : pour excuser sa retraite prolongée par ordre médical, Monsieur Lochet prétend, non sans certain relent quiétiste que “le repos est une forme d'apostolat”[2]. »

Où est-il parti ? Son manuscrit biographique[3] indique simplement : « 1940 : exil en Ardèche. »

De cette année-là, nous n'avons rien d'autre qu'un sermon donné à l'occasion de la fête de l'Assomption. Sur un fond teinté de souffrance – n'oublions pas que la guerre est là –, il nous révèle un cœur d'enfant, qui a mis toute sa confiance en la Sainte Vierge, la Maman ; attachement très humain, affection naturelle qu'il veut communiquer à ses auditeurs :

1. *Journal intime* de Marthe Robin, 24 février 1930.
2. Revue *Sanatorium du clergé*, janvier-mars 1940, Archives, Diocèse de Nice.
3. Archives, Diocèse de Reims.

Mes frères, telle est la joie du ciel dont nous pouvons à peine nous faire une idée. Cette grande réunion de famille où tout le monde s'aime tellement que chacun est plus heureux du bonheur des autres que de son propre bonheur, autour de la Mère de famille qui est là, auprès de son Fils unique, heureuse de répandre sur tous son bonheur et de voir tous ses enfants réunis autour d'elle.

Et nous, sur cette pauvre terre, n'aurons-nous pas notre part de cette joie ? Ce bonheur du ciel ne viendra-t-il pas jusqu'à nous ? Si, mes frères [...]. Joie du triomphe de la Sainte Vierge en pensant qu'il nous vaut une protection si puissante. Elle reste notre Mère là-haut [...], elle veille sur nous, elle connaît nos peines, nos difficultés, prions-la souvent, simplement, comme des enfants s'adressent à leur mère, nous verrons comme nous sentirons les effets de sa protection maternelle.

À travers tous nos travaux et toutes nos souffrances, elle nous apprendra à vivre dans la joie, dans l'espérance, car de même que Dieu l'a conduite elle, à travers les humbles journées de Nazareth, à travers les grandes souffrances du Calvaire, jusqu'à la gloire de son Assomption, ainsi Dieu nous conduit, à travers les plus humbles occupations, à travers toutes les tristesses de cette vie, jusqu'au jour de joie pour toujours. Amen.

Dix ans, à l'école de la jeunesse, professeur au Grand Séminaire

Toujours est-il qu'en octobre 1940, il arrive au Grand Séminaire de Reims, pour y enseigner la théologie morale. Aucune trace de ses cinq premières années d'enseignement [...]. On imagine cinq années de travail, de présence, de réflexion, à l'école de la vie, à l'écoute de l'air ambiant, puisqu'en 1945, « face au malaise qu'éprouvent beaucoup de jeunes par rapport aux méthodes de formation », il sort de son silence pour faire paraître deux articles « à propos de la formation des séminaristes ».

Il s'agit de « développer la spiritualité et les méthodes issues du XVIIe siècle, en fonction des besoins du XXe[1] ».

Il annonce, à sa manière, ce que le Concile dira plus tard : « les prêtres sont appelés à perfectionner leurs connaissances religieuses et humaines de façon adaptée et ininterrompue ; ils se préparent ainsi à mieux engager le dialogue avec leurs contemporains[2] ».

On commence à percevoir sa justesse d'analyse, une maturité de réflexion dans un équilibre ouvert. De ses premiers écrits ressort une façon de penser qui restera toujours un peu la sienne, en toile de fond. Avec une pédagogie pleine de sagesse, il fait avancer la recherche par la méthode du questionnement.

Jamais il n'oppose les contraires. Bien mieux, il les enrichit l'un par l'autre. Jamais de rupture, mais du progrès ; il veut ainsi se placer dans une continuité, dans une marche ascendante.

> Il ne s'agit pas de renier l'apport du grand siècle, mais de le compléter, en l'intégrant dans une tradition plus complète et toujours vivante, et de l'adapter aux besoins de notre temps [...]. Il n'y a pas à choisir entre le passé et le présent, mais il faut unir ce qu'ils ont de bon [...]. Ainsi il semble qu'on puisse concilier l'esprit de tradition et l'esprit d'innovation [...], progrès qui intègre les richesses de l'une et l'autre époque[3].

L'abbé Lochet s'appuie sur saint Thomas d'Aquin dont il appréciait déjà le génie au Séminaire de Rome : « Saint Thomas, lui, ne méprise rien, car il sait que même l'humain vient de Dieu. » Comment alors articuler « corps et âme, créateur et créature, personne et communauté, contemplation et action[4] » ?

---

1. Louis Lochet, « À propos de la formation des séminaristes », *Vie spirituelle*, 1945, n° 302, p. 10

2. Vatican II, Décret sur le ministère et la vie des prêtres : la vie des prêtres, n° 19.

3. Louis Lochet, *op. cit.*, p. 543

4. *Idem.*

Son article ne veut pas rester dans des considérations générales, mais il propose comme chemin de formation, trois exemples précis, trois applications :

La valeur de l'action dans la vie spirituelle

> Pour éviter ce que Sa Sainteté Pie XII appelait « l'hérésie de l'action », il faut remettre en valeur les grandes fins théocentriques du sacerdoce et de la vie chrétienne [...].
>
> Si le prêtre n'a pas compris que quand toute action extérieure cesse et quand toute activité échoue, il y a encore quelque chose à faire pour un prêtre, il y a un aspect essentiel de son sacerdoce qui lui a échappé [...]. Il faut s'unir à la vie cachée de Jésus avant de s'unir à son activité apostolique [...].
>
> Il faut qu'il comprenne que pour le préparer à la plénitude de son sacerdoce, il y a une part essentielle de vie contemplative à laquelle il doit s'exercer au séminaire et qu'il doit conserver toute sa vie. Mais le caractère propre de sa vocation étant précisément d'allier ces activités de prière aux activités extérieures, le séminaire, pour le préparer réellement à sa vie future, doit l'entraîner à cela.
>
> Ceci d'ailleurs n'a rien de révolutionnaire. N'est-ce pas la méthode du Christ formant ses apôtres, par une action apostolique unie à la sienne et les lançant progressivement dans des expériences de missions personnelles où ils essaient leurs forces et dont Il corrige les imperfections ? [...]
>
> La formation du séminariste ne risquera plus d'être une âme sans corps et le ministère un corps sans âme, mais l'un et l'autre, les phases de développement successives d'un vivant qui grandit : le prêtre[1].

La place du corps dans la vie spirituelle

> Homme complet, restauré dans son unité primitive et sanctifié dans sa totalité harmonieuse. Pour entrer dans cet humanisme intégral, retrouver le sens du corps, de sa place et

---

1. *Ibid.*, extraits des p. 551 à 555.

de son importance dans la vie humaine [...], il y a une netteté du corps qui accompagne la netteté de l'âme [...], style de vie qui imprègne l'âme et s'imposera à l'avenir. [...] Soin du corps et formation de la sensibilité, tout cela épanouit l'homme complet qui prépare le prêtre complet[1].

Le sens de la communauté dans la vie spirituelle

Pour le clergé en particulier, il semble extrêmement désirable que nous retrouvions ce sens de la communauté apostolique qui nous donnerait une telle force. Quand aurons-nous compris que nous sommes tous des frères attelés à la même tâche et que notre premier devoir est de nous aimer mutuellement et de nous aider réciproquement dans la tâche commune qui nous est confiée ? Quelle force ce serait, non seulement pour la conservation de la vie et de la joie spirituelle de chacun, mais pour la conquête même des âmes, si tout le clergé d'un diocèse était ainsi uni autour de son évêque dans le sens profond de l'élan apostolique qui l'unit au Christ pour la même œuvre !

C'est au séminaire que ces liens de vie sacerdotale, qui porteront leur fruit dans le ministère, doivent se former. Tous les groupes vivants, toutes les communications sur le plan intellectuel et spirituel tissent la trame dont sera faite cette communauté apostolique. Aux éducateurs de les diriger et de les animer pour qu'ils portent les fruits, non de dispersion, mais d'union[2].

Et il termine :

La question de la formation des clercs et de leur adaptation au ministère réclame plus que des plans : des éducateurs. Ce qu'il y faut ce sont des saints, qui aient à la fois le sens de la contemplation et le sens de l'action apostolique, en un mot des prêtres ayant épanoui en eux la plénitude de leur sacerdoce pour en développer les richesses dans leurs futurs prêtres. Que

1. *Idem*, p. 63.
2. *Idem*, p. 66.

ceux qui ont la patience de lire ces pages veuillent bien prier Dieu de donner ces saints à son Église qui en a tant besoin[1].

Un directeur de séminaire

Le 27 septembre 1947, par décision pastorale, la première année de philosophie devra désormais se faire au Petit Séminaire. C'est à Monsieur l'abbé Lochet que revient la mission de titulaire de cette classe. On dit que c'est pour qu'il éveille les plus jeunes à un certain esprit d'ouverture.

D'après les témoignages savoureux et signifiants du père Gérard Delatour[2] et du père Michel Jeanroy[3], qui furent ses élèves, regardons-le vivre maintenant parmi cette jeunesse, tant au Petit Séminaire qu'au cours des activités extérieures, telles les colonies de vacances ou les sorties de classe.

L'art d'un éducateur

Souvenirs d'anciens élèves :

> J'ai connu le père Lochet à l'âge de 13 ans, en colonies de vacances. C'était à la fin de la guerre [...]. Le père Lochet était grand et maigre.
>
> Aumônier de la colo, il célébrait la messe en semaine. Je lui servais la messe. Il n'était pas là le dimanche. Le soir du premier dimanche, je dis au père Lochet : « Alors, le dimanche, vous n'êtes pas chrétien ? » ; il a ri et m'a répondu que le dimanche, il allait célébrer la messe à Reims. J'aimais aller à la messe. Quand il la disait, on avait l'impression qu'il voyait le Seigneur. C'est d'ailleurs, sans doute, ce qui m'a décidé de rentrer au Petit Séminaire.
>
> Il s'intéressait à tout le monde, même aux enfants. Dans les colos, il était là, auprès des jeunes. On courait tous après lui : sa

1. *Ibid.*, p. 68.
2. Déjà cité.
3. Déjà cité.

gentillesse, son sourire, son rire, prêt à la blague (il répétait les blagues, en riant), ça ne vexait personne. Jamais, je n'ai senti qu'il pouvait diminuer quelqu'un. Non, jamais, au contraire.

Un jour de colonie, c'était son anniversaire. Les moniteurs lui ont offert un hochet. Toute la journée, il a gardé son hochet pour nous amuser.

Il nous racontait des histoires, toujours avec un fond spirituel. J'avais la bouche ouverte pour avaler ses paroles. C'était un très bon conteur. Des histoires, il en avait ! Il en avait ! Toujours une histoire derrière la tête. Il tenait ce talent de sa mère.

Toujours souriant, il parlait avec conviction, mais sans violence. Toujours encourageant.

En 1948, je suis rentré au Petit Séminaire de Reims. Le père Lochet y était professeur de philosophie. Sa joie de vivre, son humour et son rire, le dynamisme qu'il manifestait, le temps qu'il prenait à nous écouter, tout cela m'emballait, mais j'aimais surtout quand c'était lui qui animait la prière du soir.

Il faisait des causeries spirituelles [...]. J'aimais ses homélies, ses commentaires d'évangile. C'était simple, compréhensible. Ses lectures spirituelles animées étaient toujours joyeuses, pleines d'entrain, vivantes, profondes, agréables à suivre. Il nous les disait parce qu'il nous aimait. C'était naturel.

Si je n'ai pu l'avoir comme directeur spirituel, c'est parce qu'il avait déjà trop de « dirigés ». Il logeait au Petit Séminaire[1].

Je me souviens qu'il avait lancé l'idée de faire « des équipes charité ». Il proposait aux volontaires d'aller, le jeudi, dans les bois, pour couper du bois de chauffe avec charrettes, scies, hachettes. Ensuite, nous le portions chez quelques personnes âgées, isolées et très pauvres qu'il connaissait. J'ai fait partie de ces volontaires avec plaisir. Ce fut sans doute le point de départ de la découverte que la vie spirituelle n'était pas quelque chose d'éthéré [...]. Le père Lochet accomplissait ce travail avec nous, comme un ami souriant, détendu. La conversation se faisait naturellement.

1. Témoignage écrit en 2012 et interview en 2013.

Le journal personnel que le père Lochet tenait donne aussi des renseignements bien éclairants. Par exemple, en tournant les pages de ce *Cahier de route*[1], lors de cette période, il est possible de découvrir dans quel sens, il pouvait exhorter les élèves :

> Aller doucement d'une occupation à l'autre,
> En union avec Jésus,
> Poussé par l'Esprit d'amour filial.
>
> Savoir se taire, pour ne pas s'élever,
> pour ne pas abaisser les autres,
> pour rester uni à Dieu.
>
> Accepter de rendre des services qui coûtent,
> qui durent, qui ne se voient pas.
> Il n'y a que Dieu qui puisse juger des profondeurs du cœur humain.
> De là vient qu'il nous est défendu de juger les personnes [...].
> Mais il nous est commandé d'aimer.

Comment il envisageait sa mission d'enseignant :

> Qu'une supériorité quelconque ne se traduise jamais
> par des avantages personnels,
> mais au contraire par une charge et un service.
>
> Dans tout professeur de philosophie,
> il y a deux hommes en lutte : le professeur et le philosophe...
> Le professeur travaille dans les livres,
> le philosophe dans la réalité.
> Malheur à nous, si le professeur l'emporte sur le philosophe,
> si notre esprit est en contact avec les idées
> et non avec la vie...
> Il faut être un peu professeur mais bien davantage philosophe.

1. Nom donné, par le père Paul Mortier à ce document qu'il a reçu, lui-même, des mains du père Lochet.

Déformation du professeur et du directeur de Séminaire :
Jugement assuré sur tout le monde…
Le professeur doit toujours avoir raison, par définition…
Il ne sait plus écouter…
Puissions-nous rentrer dans le rang, descendre de notre cathédrale, ne pas tant discourir,
Être le petit frère de tous…
Alors, être vrai.

Quelles étaient certaines de ses convictions profondes :

Ce qui me console un peu de ne pas voir Dieu,
c'est que lui me voit…
lui me voit le regardant.

Nous ne sommes pas comme en famille,
nous sommes en famille.
Nous ne sommes pas comme des frères,
nous sommes des frères en vérité
parce que nous avons un même Père en vérité :
Notre Père…

Pour finir l'image qui dominera toute l'histoire de l'humanité,
c'est l'image d'un Dieu donnant sa vie pour ses bourreaux…
Toute l'histoire de l'humanité apparaîtra
comme la manifestation de l'Amour…
sous sa forme mystérieuse de Miséricorde infinie…
Le Dieu de miséricorde infinie,
se penchant sur une misère immense…

Jésus, doux et humble de cœur, rendez mon cœur uni au vôtre,
doux de votre douceur avec tous[1].

1. Louis Lochet, *Cahier de route*, entre 1943 et 1946.

IV

Le Pasteur au milieu de ses frères

Monsieur l'abbé Lochet quitte le monde de l'enseignement, le 26 août 1950, pour recevoir une mission pastorale à Cormicy, paroisse rurale à quelques kilomètres de Reims. Ce changement est motivé pour raison de santé. Il y restera une année, puis sera nommé à Saint-Louis, une paroisse ouvrière de la banlieue rémoise, avec la charge de l'hôpital de la ville[1]. En fait, il portait en lui le désir d'un tel ministère. Sa joie a dû être grande quand il s'est vu attribuer une paroisse, sous la protection de son saint patron qu'il aimera souvent invoquer.

Il vient tout juste d'écrire un livre : *L'union à Dieu, âme de tout apostolat.* Parcourons quelques pages pour percevoir un peu, le souffle qui anime l'âme ardente de ce pasteur.

> C'est vrai que le Christ nous envoie pour sauver le monde et rendre cette terre plus habitable. Mais en rester là, c'est tout fausser. C'est oublier le principal. Il faut avoir le courage de dire que le but dernier de notre apostolat n'est pas de donner Dieu à l'homme pour qu'il soit plus heureux, mais l'homme à Dieu pour que Lui soit plus aimé [...] et c'est parce que le terme de notre action n'est pas seulement un monde plus habitable, mais le royaume de Dieu, que le reste lui sera donné par surcroît. Alors, nous saurons aussi que le développement de l'apostolat ne se fera pas principalement par un progrès de

1. Le 1er septembre 1951, cf. cahier photos, planche III.

> méthodes et des techniques, bien qu'elles soient nécessaires, mais par un progrès dans l'élan vers Dieu. [...] Qu'on voie bien cette union au cœur même de l'action, et non comme à côté d'elle. D'un mot, qu'on la considère comme « l'âme » de l'action, au plein sens du mot [...].
>
> L'union à Dieu [...], voilà véritablement l'âme de notre vie, de la prière d'ailleurs, comme de l'action. Cette adhésion à la volonté du Père, voilà le principe qui organise tout. C'est elle [...] qui suscite l'action, qui la vivifie, qui lui donne son mouvement et son efficacité, mais aussi qui la modère et qui la règle, qui lui donne son sens et sa finalité, d'un mot : qui l'anime [...]. Tout tient en deux mots : la Rédemption n'est pas seulement une œuvre à réaliser, mais une grâce à obtenir en union avec Jésus. Sans doute c'est une œuvre, et il y faut l'action de l'homme et toutes ses forces et toute son ingéniosité. Mais c'est d'abord une grâce. L'apostolat d'un prêtre dans sa paroisse, d'un professeur dans un collège, d'un militant dans son milieu, ce n'est pas tant de faire ceci ou cela, mais d'abord d'obtenir de Dieu, grâce pour ce milieu.
>
> Comment ?
>
> Le don de Dieu a voulu être provoqué par le don de sa créature [...], c'est le don total de nous-mêmes qui obtient l'effusion de la grâce divine, non seulement pour nous, mais pour une multitude d'autres[1].

L'union à Dieu, dans la prière comme dans l'action, le cœur fixé en Dieu, voilà le socle sur lequel l'abbé Lochet a fondé sa mission, comme l'exprime sa prière rédigée au début de son ministère à Saint-Louis :

Prière du Bon pasteur

Mon Père bien-aimé du ciel,
je me livre à vous.
Ô Père bien-aimé,

1. Louis Lochet, *L'union à Dieu, âme de tout apostolat*, Fides, 1950, p. 12-20.

je m'abandonne à vous.
Je vous confie dans le temps et dans l'éternité
toute ma vie et tous ceux que j'aime,
tout le troupeau que vous m'avez confié
et tous mes frères les hommes.
Je nous remets entre vos mains de Père
avec le Christ Jésus,
dans la plus absolue confiance que c'est votre amour
qui dirige tout pour moi,
et pour tous. Amen. Alléluia[1].

Le travail semble être considérable avec une paroisse ouvrière en plein développement, la charge de l'hôpital, une école :

> Lourde tâche que le nouveau curé ne peut aborder qu'avec la grâce de Dieu, appuyé sur la certitude d'une prière et d'une action pleinement mises en commun avec celle de son vicaire et aidé par l'appui actif des sœurs si dévouées et de tous les paroissiens. L'assistance nombreuse s'unit à la prière et à l'offrande du nouveau curé pour que Dieu continue par lui, en cette paroisse, ce qu'il a commencé[2].

Dans une continuité et tous ensemble. La photo à Cormicy[3] illustre bien l'esprit dans lequel l'abbé Lochet veut travailler, durant les dix années qui vont suivre : le pasteur au milieu de ses frères, avec ses frères – ici des petits frères.

Le témoignage du père Bernard Collet, son vicaire, confirme cela. Le voici, intégralement, tant il exprime magnifiquement, dans le concret, l'homme et l'apôtre.

> D'autres, mieux que moi, pourraient exprimer la grandeur du théologien et du maître spirituel qu'a été le père Lochet. Ayant partagé avec lui, durant mes premières années

---

1. *Carnet de route*, avril 1952.
2. *Bulletin du diocèse de Reims*, Installation de Monsieur le Curé, septembre 1951.
3. Cf. cahier photos, planche III.

de sacerdoce, une activité pastorale dans le quartier, très populaire à l'époque, de la « Maison Blanche » à Reims, ce qui a été le plus significatif pour moi, c'est la qualité évangélique de ses petits gestes au quotidien. Il y avait une telle cohérence entre ses prédications et sa vie de tous les jours !

Je classerais volontiers ses gestes en trois points forts :

Des gestes au goût d'Évangile

Vivre tous les jours avec un tel homme, ce n'est pas d'abord écouter ses sermons… c'est faire quelque chose ensemble, sur un terrain où nous révélerons concrètement ce qu'on est, avec nos convictions. Pas possible d'énumérer tous ces gestes de Louis Lochet.

Il en est un, que je ne pourrai jamais oublier. En juillet 1951, un mois après mon ordination, un professeur de séminaire vient me trouver en me disant : « Il faut que tu ailles à la paroisse Saint-Louis, tout de suite… » Trois mois après, coup de sonnette au presbytère de la Maison Blanche. Le père Lochet arrive à la cure[1], sans rien. Il me dit : « Bonjour Bernard, veux-tu de moi comme curé ? »

C'est la première fois que je voyais un vicaire nommer son curé ! Je réponds « oui ». Aussitôt, il dit : « Bon, à bientôt. » Et il repart sans demander à voir l'état de la maison, les conditions matérielles… La disponibilité prime sur ses goûts personnels et sur le confort. Quelques jours après, il est venu, simplement, avec un gros balluchon…

Le choix du « vivre avec »

Au début de notre mission commune, dans le quartier de la « Maison Blanche », je m'attendais à ce que Louis Lochet me donne quelques consignes, du moins m'adresse quelques souhaits.

Pas du tout, il nous considérait, lui et moi, comme des « débutants », où nous avions beaucoup à apprendre et à

1. Au 35 rue Cognacq-Jay, à Reims.

construire ensemble. Je n'ai jamais senti qu'il me considérait comme son vicaire.

Peu de pratiquants dans cette paroisse [...]. Il se mettait à la portée des plus pauvres [...], lui qui ne connaissait pas ce milieu. C'est étonnant de voir comment il s'est adapté à une paroisse très populaire ! Il l'a fait avec la sainteté, la cohérence entre la parole et les actes. Avec Louis Lochet, c'est l'attention aux personnes avec tout ce qui peut nous relier à elles. Un « vivre avec » se développe alors :

– Il a voulu que notre cave soit ouverte aux voisins.

– Nous participions à quelques rares initiatives de quartier. Nous organisions des loisirs pour les jeunes : foot sur des terrains non construits à l'époque, sorties en vélo dans les Ardennes.

– On a réfléchi pour une maison pour les jeunes. Alors, on a mis à leur disposition un bâtiment, au fond de notre jardin, ayant servi de grenier à paille pour un élevage de lapins.

Il a su faire le « vivre ensemble ». Nos sensibilités différentes se sont agréablement mêlées pour s'engager ensemble.

De modestes fondations

– Fondation d'une équipe de JOC et d'une équipe de JOCF. On ne rencontrait pas ces jeunes dans les réunions de mouvement, mais dans la vie de tous les jours.

– Fondation d'une équipe d'ACO, avec des ménages du quartier, notamment avec un délégué syndical de l'usine Combeplaine, disparue aujourd'hui. Jean et Bernadette en sont des témoins vivants.

Le rayonnement de Louis Lochet a permis, à moi et à d'autres, des rencontres fort enrichissantes. Les jésuites ont même envoyé souvent des jeunes de leur communauté, en stages assez longs, à la paroisse Saint-Louis, pour vivre une expérience.

Louis Lochet est un grand théologien spirituel. Il savait parler, prêcher, écrire, mais on aimait le regarder vivre ce qu'il disait. Son sermon, on aimait voir comment il le vivait. C'est cela la sainteté !

> On priait ensemble. On avait souvent des partages. Il aimait rire aussi. On le blaguait. Il riait avec nous. Il prenait bien ces blagues. Oui, avec le père Lochet, on passait de bons moments[1].

Une réflexion à partir de la vie: ses premiers écrits

Nous sommes à l'époque des « Trente Glorieuses ». Un monde nouveau se forme en face de l'Église, et même souvent contre elle. Cela résonne fortement dans le cœur de l'abbé Lochet et l'engage à une réflexion profonde:

> Sémite par ses ancêtres, romaine en ses origines, moyenâgeuse en ses coutumes, l'Église semble bien loin du monde du travail. Que nous souffrons de cela! Nos attitudes ecclésiastiques ne laissent pas assez transparaître l'éternelle actualité de l'Évangile. En nous, le monde du travail ne peut plus reconnaître le Christ qui l'aime, qui lui parle, qui l'appelle. Et cependant, il en a plus besoin que jamais! On voudrait faire tomber les masques. Qu'on se reconnaisse! Que ce monde enfin, qui cherche à tâtons depuis si longtemps la justice pour les pauvres, la délivrance des captifs, l'amour universel de tout ce qui est humain, la paix, trouve tous ces biens auxquels il aspire, en Jésus caché dans l'Église. Qui donc saura dire les mots et accomplir les gestes qui feront tomber ce malentendu tragique, ce résidu de tant de mensonges qui pèsent sur le monde[2]?
>
> Alors, pour les chrétiens, risque de «tentation de découragement», «tentation d'évasion», «tentation de trahison», «tentation contre la foi au mystère de l'Église»...

L'abbé Lochet se met au travail. Il va s'immerger de plein cœur dans la paroisse, dans ce milieu populaire: mystère de l'Incarnation du Christ qui se continue dans et par l'Église.

1. Témoignage du père Bernard Collet.
2. Louis Lochet, *Fils de l'Église*, Cerf, 1954, p. 21.

> L'humanité est sauvée, mais il faut encore qu'elle l'apprenne, il faut lui porter l'Évangile. Tous les hommes sont appelés au salut, mais Dieu veut qu'ils y consentent et pour cela qu'ils le sachent[1].
>
> Le chrétien est appelé à rencontrer le monde, ce qui vit, ce qui travaille, ce qui fait l'histoire. Il s'affronte avec lui, il a des difficultés, il a des échecs, il commet des erreurs peut-être, mais il apporte quelque chose, il sert, il éclaire, il est la lumière, il est le sel, il est le levain. Alors seulement, et dans cet effort même pour porter la vie du Christ au monde, il sait ce que c'est qu'être chrétien et que ce n'est pas facile[2].

Ses réflexions vont donc se greffer sur la vie quotidienne et sur une expérience commune. Est-ce pour cela que ses écrits seront d'une profondeur étonnamment simple, claire et percutante ?

De 1950 à 1960, on compte de nombreux articles répertoriés dans vingt-deux revues, six livres et cinq en collaboration : « Il écrivait beaucoup dans les revues. Il envoyait à tout vent, sans s'occuper de rassembler[3]. »

L'abbé Lochet a une vision dynamique de l'existence chrétienne. Ses écrits sont traversés par le souffle de l'espérance. Il faut rejoindre l'homme en son cœur, le rejoindre dans le concret de sa vie, le replacer dans ce qu'il est et ce pour quoi il est fait. Il faut lui révéler les agissements fidèles de Dieu, dans son dessein d'amour bienveillant sur l'humanité, au sein de l'histoire, ce Dieu qui intervient non seulement par des paroles, mais par des actes, par des faits.

Essayons de dégager quelques grands axes de sa pensée.

---

1. Louis Lochet, *ibid.*, p. 59.
2. *Idem*, p. 158.
3. Père Bernard Collet, déjà cité.

« L'Église, mystère de Dieu : réalité vivante. On y entre, on en vit, on le découvre peu à peu »

Rendre la foi en l'Église, rendre cette certitude que son œuvre est en train de sauver le monde, ce monde que nous aimons ; montrer dans la foi comment elle agit, elle opère, elle œuvre, elle progresse, pour sauver l'humanité ; comment cela est en train de se faire au prix de tous nos efforts et de toutes nos vies données au Christ ; rien n'est plus urgent. C'est cet appel qu'il faut faire entendre, pour susciter les courages, pour entraîner l'adhésion et le don, dans la joie et l'espérance. [...]

Du fait même de son Incarnation, Dieu s'est lié en quelque sorte au conditionnement de l'espace et du temps, son message s'adresse à tous les hommes et son action dans le monde est limitée à telle époque et à tel pays. Ainsi, dans le Christ, il reste toujours comme une disproportion infinie entre l'amour divin qu'il porte à tous et les quelques témoignages qu'il peut en donner à quelques-uns. Même après trente ans de vie cachée, après des années de services, de soins et de pardons, après l'agonie, la flagellation et la passion, après ces excès qui ont brisé sa vie et ouvert son cœur, il reste toujours des réserves infinies d'amour, qu'il faudrait manifester en des actes nouveaux et porter à la connaissance de tous les hommes.

C'est de cette disproportion fondamentale entre l'Amour divin que le Christ doit dire au monde et ses actes d'homme qu'est née l'Église. Elle naît, nous disent les Pères, du cœur transpercé de Jésus et comme de ce brisement même du cœur humain qui s'est épuisé jusqu'au bout à traduire l'amour d'un Dieu et qui s'y est trouvé comme impuissant. Cette impuissance a besoin d'un supplément. L'amour qui vit en Jésus a besoin d'autres cœurs pour se donner encore. [...]

Ces perspectives éclairent d'en haut, l'axe de la démarche de l'Église dans le monde et le sens de la mission de l'apôtre dans l'Église. C'est le Cœur du Christ qui lui communique sa vie et la met en mouvement. C'est pourquoi elle est comme insatiablement avide de donner à l'humanité des témoignages plus pressants de l'Amour divin. Il lui faut aller au-devant de toute misère pour la soulager, au-devant de toute déchéance pour la relever et, pour finir, à la recherche de toute souffrance pour l'assumer. « La charité du Christ nous presse[1]. »

On dirait que les intarissables renouvellements de la misère humaine ne lui sont qu'une provocation à montrer les inépuisables richesses de sa générosité [...]. L'Église, comme le Christ, se heurte au péché ou plutôt s'achève en face du péché. Ce n'est pas un amour qui ne rencontre pas d'obstacle, mais un amour qu'aucun obstacle n'arrête, qu'elle est chargée de manifester, [...] inépuisable longanimité, fidélité de l'Amour divin toujours prêt à pardonner. Elle organise dans le monde une manifestation : la manifestation de la miséricorde[2].

Il est sûr que le Mystère de l'Église se déploie dans le temps. Chaque époque a sa vocation, son appel. Chaque âge de l'humanité, fécondé par l'Esprit, porte en soi les virtualités d'un développement nouveau de l'Église.

Sous le regard de Dieu, à travers tous les temps de l'histoire, l'Église est en marche : elle progresse. Pour répondre à ce que Dieu attend de nous, il importe souverainement de discerner le mouvement propre de l'Église à l'heure présente, la phase actuelle de son développement, pour y rentrer de toutes nos forces. Pour répondre pleinement à notre vocation, il faut être dans le rythme de l'action de l'Esprit sur l'Église[3].

En cette période préconciliaire, dans une grande clairvoyance prophétique, l'abbé Lochet scrute les « signes des temps ». Il sait reconnaître les signes de l'Esprit saint. Il perçoit le travail que l'Esprit de Dieu est en train d'accomplir, ici et maintenant, dans son Église, pour le salut du monde.

Et voici qu'en ce moment même où l'Église semble solidaire d'un passé qui s'écroule, une poussée formidable de l'Esprit la pousse en avant. On la croit vieille et voici, chez elle, une floraison de mouvements de jeunesse. On la croit

1. 2 Cor 5, 14.
2. Louis Lochet, *ibid.*, p. 26, 41, 42, 43, 251.
3. Louis Lochet, *Travailler en Église*, F.S.C., 1957.

périmée, liée avec le passé et voici qu'elle prépare l'avenir du monde[1].

Là où nous ne voyons peut-être que cataclysme, Dieu voit la purification de son Église. Là où tout nous semble remis en question, c'est peut-être qu'un progrès nouveau se prépare. [...] Chaque âge offre à l'Église, par ses difficultés mêmes, une occasion de rédemption et de sainteté [...]. Aujourd'hui, c'est la chrétienté qui tombe en ruines, mais c'est une Église nouvelle et plus catholique (au sens d'universel) qui se lève[2].

Ce type de chrétien, à la fois nouveau et traditionnel, marque le « passage du crustacé au vertébré », c'est-à-dire le remplacement d'une protection extérieure assurée par des structures, à une armature intérieure qui confère à la fois solidité, adaptation et liberté, pour une rencontre personnelle avec le Christ vivant et Sauveur. Ainsi, par le laïcat, l'Esprit Saint soulève l'Église en « une nouvelle Pentecôte »[3].

Si nous cherchons à situer ce type nouveau de chrétien dans l'ensemble de la vie de l'Église, voici qu'il nous faut constater qu'il est en même temps le plus traditionnel. Il répond aux exigences les plus profondes du développement de la vie religieuse. Le plus nouveau s'enracine dans le plus ancien. Cette continuité nous est la meilleure garantie que ce renouveau s'insère dans le dessein de Dieu et nous aide à discerner le sens de cette évolution [...]. Cela prépare une phase nouvelle de la vie de l'Église[4].

Il est admirable de constater comment toutes les impulsions de l'Esprit dans l'Église, transmises par la hiérarchie, vécues par tous, correspondent exactement aux besoins actuels d'un monde en quête de Dieu[5].

1. Louis Lochet, *ibid.*, 1957.
2. Louis Lochet, *Fils de l'Église*, *op. cit.*, p. 165.
3. Louis Lochet, « Session pastorale : rôle des laïcs », *Bulletin du diocèse de Reims*, décembre 1956.
4. Louis Lochet, « Situation spirituelle du laïc », *Christus*, janvier 1957, n° 13.
5. Louis Lochet, « La connaissance de Dieu dans son Église », *NRT*, juillet-août 1957.

« Cette Église, nous en sommes, et elle a besoin de renaître »

Plongé dans le monde en mutation des années 1950, l'abbé Lochet considère comme une nécessité vitale de rendre témoignage par toute sa vie de la foi et de l'espérance chrétiennes.

> Au point de départ de tout, il faut saisir que ce n'est pas un homme cultivé, éloquent, savant qui annonce l'Évangile, le démontre et convainc par ses arguments, c'est une communauté, l'Église, qui rend présent l'Évangile. Elle porte la présence même du Christ dans l'assemblée et l'annonce au monde. C'est l'Église qui porte la Parole, qui évangélise.
>
> Une Église vivante, c'est-à-dire dans laquelle existent des échanges d'amitié, des liens d'entraide, un Foyer de Charité fondé sur la foi au Christ et l'amour du Père. C'est cela qui porte témoignage devant le monde de la présence vivante du Christ. L'union des chrétiens est le point de départ de toute évangélisation [...].
>
> Dans cette Église vivante, il faut que quelqu'un annonce le sens de ce qui se fait en elle ; l'origine divine de ce qui est ; la présence du Christ, Jésus qui l'anime. C'est indispensable. L'Église ne peut être elle-même et ne peut témoigner devant le monde que si elle se réfère explicitement au Christ Sauveur qui soutient son action et sa vie. Cette Église parle de Dieu par notre voix. Il faut son action et sa vie. Il faut qu'elle reconnaisse, qu'elle confesse que Jésus est sa vie [...].
>
> C'est vrai, la masse des adultes ne vient pas à l'Église, c'est dans sa vie quotidienne que l'Église vivante ira la chercher. Une condition essentielle de la présentation de la parole de Dieu au monde d'aujourd'hui, c'est une Église présente au monde, engagée dans tous les mouvements, les organismes qui sont la structure de ce monde. C'est le rôle des laïcs. Ils apportent là par leur présence, par leur contact et l'influence de leur communauté chrétienne vivante, par l'insertion de la charité du Christ dans les structures du monde pour les transformer, par le témoignage qu'ils rendent au Christ, lien de leur unité, un élément indispensable de l'évangélisation.

Charité de Dieu, vivante dans la communauté chrétienne, référée explicitement au mystère du Christ, c'est cela qui pose le fait chrétien devant tous : « ce qui porte le Christ ». C'est cela qui attire. Ainsi l'annonce de la Parole de Dieu est maintenant une œuvre commune, une œuvre de la communauté chrétienne : une mission d'Église. Il faudra la collaboration incessante du prêtre et des laïcs, du clergé paroissial et des théologiens pour apporter à ce monde en évolution, toute la doctrine dont il a besoin pour éclairer sa vie de chaque jour [...].

Si la communauté est vraie, elle se traduit par des liens d'amitié très simple, très humaine, très détendue, très joyeuse dans la vie de tous les jours. Le plus pauvre qui approche d'une telle communauté sent qu'il y coule des flots de joie accessible à tous. Ce n'est pas une joie artificielle, à côté de la vie. C'est la vie même de chaque jour, la vie de famille et de travail, vécue d'une façon nouvelle, avec un lien d'amitié nouveau, une espérance nouvelle, un secret invisible de joie qui est la présence cachée de Dieu : une humanité nouvelle. C'est cela qui prend l'homme par tout son être et l'attire[1].

« La mise en œuvre de l'activité des laïcs dans l'Église »

Ce fut pour le père Lochet une de ses orientations majeures avant l'heure du Concile : promouvoir le rôle essentiel des laïcs chrétiens au cœur de la cité, pour que les hommes puissent reconnaître le Christ et se reconnaître mutuellement frères.

Là encore, il y a eu découverte progressive, en ces dernières années, de ce qu'est la mission des laïcs dans l'Église. Il semble bien qu'il faille distinguer ici comme deux plans des activités du laïcat dans l'Église. Il doit aider l'Église en tant qu'institution, dans ses activités proprement ecclésiastiques, non seulement par une participation active au culte, par une

1. Louis Lochet, « Église, communauté de catéchèse », *Lumen Vitae*, juillet-septembre 1957.

aide matérielle, mais aussi par un concours actif dans l'enseignement et le rayonnement des idées chrétiennes. Le laïc chrétien participe activement à la vie paroissiale et à la vie diocésaine comme telles.

Sa tâche de chrétien ne se borne pas là. Ce serait une tentation pour lui de penser, qu'après avoir chanté à l'église, visité un malade sur la paroisse, porté la bonne presse, donné le coup de main à son curé pour une kermesse, ou même enseigné le catéchisme à des enfants, il en est quitte avec les exigences de la vie chrétienne. Toute sa vie est engagée par le Christ, pour une mission d'Église. En chacune de ses activités, vie de famille, vie de quartier, vie de travail, il a à faire pénétrer l'esprit évangélique, la charité du Christ. C'est là le principal, dont rien ne saurait le dispenser.

Ainsi l'apostolat actuel, pour rejoindre la vie, est appelé de plus en plus à dépasser le cadre paroissial et exige des prêtres spécialisés, détachés des obligations de la vie paroissiale, pour soutenir et animer l'action des laïcs [...]. Il reste que la paroisse garde toujours sa valeur irremplaçable comme structure chrétienne du quartier et comme lieu de rencontre de tous, au-delà de toutes les différences, autour du Christ Sauveur. Cette rencontre fait partie essentielle de la vie de l'Église et porte son message de charité universelle.

Fils de Dieu, vivant en ce monde pour y apporter l'amour du Père vécu en toute situation humaine, pour la Révélation du Père à toute l'humanité, mais aussi fils de l'homme pour achever le monde par son travail, achever l'humanité par sa famille, achever l'unité des hommes par toutes les institutions, tous les progrès, toutes les beautés qui les unissent dans le même amour. Vraiment la sainteté du laïc, c'est de continuer la vie du Christ incarné, d'achever sa mission d'évangélisation du monde par l'Église et, pour finir, de communier à son mystère de don total, dans l'action et dans la passion, pour un rayonnement catholique [...].

Notre vie, c'est le Christ : notre vie en sa source, c'est la personne du Christ ; notre vie en son épanouissement, c'est l'Église, corps mystique du Christ [...].

Tant que toute la réalité humaine n'aura pas été pénétrée de la grâce du Christ, l'Église restera en état de mission [...].

> Ainsi la tâche de l'Église reste immense. Elle semble minuscule pour une telle entreprise, mais une fois de plus, elle est dans la main de Dieu qui se sert des plus petits pour faire les plus grandes choses, et des faibles pour confondre les forts[1].

« Travailler en Église »

L'abbé Lochet saura créer une dynamique de la rencontre. Il a toujours pensé que les échanges étaient des facteurs de communion et de croissance. On dit qu'il était un excellent animateur, sachant faire participer tout le monde, donnant la parole à tous ceux qui le désiraient, écoutant les uns et les autres avec respect, avant de clore la réflexion commune par une synthèse où chacun pouvait se retrouver et se reconnaître.

> Par la suite, j'ai retrouvé le père Lochet comme curé de la paroisse Saint-Louis de Reims, où nous nous retrouvions à plusieurs chez lui. Là, c'est le pasteur qui se révélait et qui faisait la rencontre de tout un monde populaire auquel il cherchait à nous ouvrir en partageant ses questions. Il remettait déjà en cause les retards d'une pastorale qui traînait le pas[2].

Le 4 mai 1957, une journée de rencontre avec des religieuses reflète bien le souci de l'abbé Lochet : pouvoir mieux collaborer ensemble. Le bulletin du diocèse en fait l'écho[3] :

> Depuis longtemps, les laïcs d'Action catholique ont leurs journées d'études, les prêtres ont leurs sessions de formation pastorale. Il est apparu nécessaire que les religieuses, qui travaillent avec les prêtres et laïcs, aient elles aussi l'occasion de préciser et d'adapter, en fonction des exigences actuelles, leurs orientations apostoliques.

1. Louis Lochet, « Situation spirituelle du laïc », art. cit.
2. Père André Abelé, déjà cité.
3. Mai 1957.

> Le thème de la journée : esprit d'équipe entre congrégations religieuses dans le travail apostolique ; esprit d'équipe avec les laïcs [...]. Un exposé doctrinal de Monsieur le chanoine Lochet[1] fut donné sur les bases d'un esprit d'équipe.

En novembre, même orientation. Se tiennent deux nouvelles sessions pastorales pour permettre aux prêtres d'expérimenter la richesse et le réconfort de la rencontre fraternelle. C'est encore le bulletin du diocèse qui relate avec bonheur, l'événement :

> Même esprit que l'an dernier, mais succès encore accru : les prêtres ont été visiblement heureux de se retrouver dans deux maisons particulièrement accueillantes et riches de souvenirs, de prier ensemble, de recevoir un enseignement de valeur, et de parler entre eux de ce qui leur tient le plus à cœur. Les sujets traités cette année n'étaient-ils pas centrés sur un aspect majeur du ministère : la transmission de la foi ?
>
> Sur le terrain ainsi reconnu, Monsieur le chanoine Lochet vint projeter une lumière réconfortante, en nous invitant à « sortir la tête des courants dans lesquels nous baignons », pour discerner « la pédagogie divine, face aux humanismes de notre temps » : ceci appelle chez le prêtre une vue de foi sur son action sacerdotale et l'activité de son ministère, qui ne s'inspirent ni de l'une ni de l'autre de ces visions humaines, mais d'une foi authentique soutenue par l'espérance théologale et, chez les laïcs, le passage d'un type de « chrétiens de structures » à un chrétien de vie personnelle, qui résiste aux deux tentations opposées, de s'évader de la condition humaine ou de centrer son action sur le temporel, pour préparer le retour du Christ jusqu'à ce que le monde soit vraiment évangélisé[2].

1. Nommé chanoine, le 21 juin 1954.
2. Bulletin du diocèse de Reims, décembre 1957.

Aller à la rencontre, aller là où sont les hommes

Dans sa ferveur apostolique, l'abbé Lochet était très à l'écoute, attentif à la vie de ses frères. Il se laissait atteindre par les situations concrètes et il réagissait. Sans doute portait-il tout dans le secret de la prière. Il apportait alors la lumière réconfortante de l'Évangile et ses appels : « Il faisait respirer l'Évangile[1]. »

La paroisse était en pleine expansion.

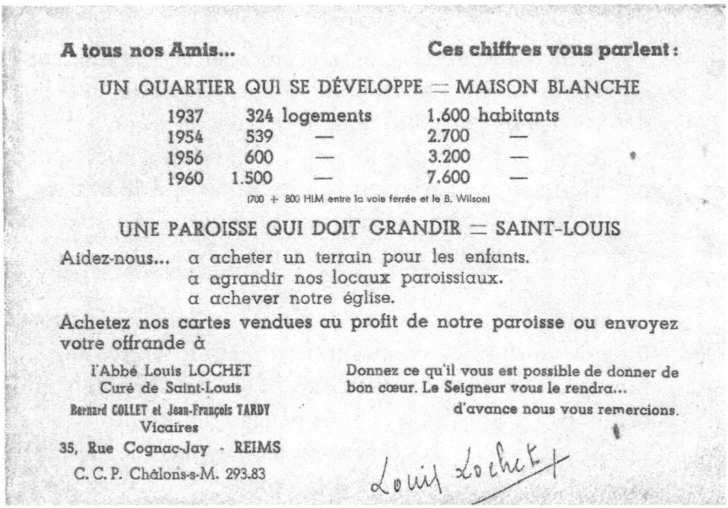

A tous nos Amis... **Ces chiffres vous parlent :**

UN QUARTIER QUI SE DÉVELOPPE = MAISON BLANCHE

1937	324 logements	1.600 habitants
1954	539 —	2.700 —
1956	600 —	3.200 —
1960	1.500 —	7.600 —

(700 + 800 HLM entre la voie ferrée et le B. Wilson)

UNE PAROISSE QUI DOIT GRANDIR = SAINT-LOUIS

Aidez-nous... a acheter un terrain pour les enfants.
a agrandir nos locaux paroissiaux.
a achever notre église.

Achetez nos cartes vendues au profit de notre paroisse ou envoyez votre offrande à

l'Abbé Louis LOCHET
Curé de Saint-Louis
Bernard COLLET et Jean-François TARDY
Vicaires
35, Rue Cognac-Jay - REIMS
C. C. P. Châlons-s-M. 293.83

Donnez ce qu'il vous est possible de donner de bon cœur. Le Seigneur vous le rendra...
d'avance nous vous remercions.

Louis Lochet

Envoyé par le père Jean-Marie Guerlin, Reims.

Lui, d'un milieu bourgeois, a su s'immerger, avec ardeur, foi et amour dans ce milieu ouvrier, si différent du sien.

> La plus grande partie de la masse humaine, ce sont les travailleurs, c'est le monde du travail [...].
>
> Non seulement le milieu ouvrier est à côté de l'Église, mais il en est psychologiquement éloigné, il lui tourne le dos, il ne voit pas le chemin de son progrès de ce côté. [...]

1. Père André Abelé, déjà cité.

> Il y a une frontière, plus que cela, une barrière sociologique, entre les milieux chrétiens et le monde ouvrier… il faut que les chrétiens y viennent, y vivent, en fassent partie, pour y apporter la lumière du Christ et sa vie ; pour y susciter une nouvelle communauté chrétienne adaptée au milieu […]. Il faut des missionnaires. L'appel ne s'adresse pas seulement aux prêtres, mais aux laïcs[1].

C'était l'époque de l'Action catholique avec ses mouvements, JOC, JAC, JEC, ACO. Il en accompagnait certains. Une préoccupation permanente l'animait : la formation des laïcs. Elle devait les aider à remplir leur mission. Un article « *L'action jociste et la conversion des jeunes travailleurs* »[2] en témoigne : « Les conversions dont il est question, dit-il, sont des retours personnels vers le Christ dans un renouvellement de foi et d'action […]. Elles ne visent pas des "retours" qui augmentent le nombre des "pratiquants", mais elles tendent à une transformation de la vie et de la foi, dans un milieu, par une action qui forme des militants. »

On le voit, atteindre le monde ouvrier lui brûlait le cœur. Il aimait rencontrer les gens, il allait au-devant d'eux. Comme c'était un bon joueur de belotte, il allait faire des parties chez les habitants : belle occasion pour lui de favoriser la rencontre ! Il aimait les gens avec son cœur de pasteur.

Une attention particulière aux pauvres et aux malades.

L'hôpital était tout proche de la cure. Comme aumôniers, l'abbé Collet et l'abbé Lochet ont consacré du temps aux malades. Souvent, ce dernier rencontrait aussi le corps médical. Le malade… L'abbé Lochet pouvait en parler d'expérience !

1. Louis Lochet, *Fils de l'Église*, *op. cit.*
2. Louis Lochet, Masses Ouvrières, octobre 1958.

1. « *Savoir regarder le malade*[1] »

C'est cela qu'il faut crier bien haut : le malade va devenir indispensable dans le monde où nous sommes, pour rappeler à l'homme sa dignité [...].

Le mort, on s'en débarrasse. Mais le malade, il faut savoir ce qu'on veut en faire. S'il n'est plus bon à rien et s'il n'est plus récupérable pour la production, il faut, c'est normal, le faire disparaître dans le monde de demain. Si la dignité de l'homme, c'est son travail, il faut aller jusqu'au bout et admettre que celui qui ne travaille plus, ce n'est plus un homme et qu'il n'a plus droit de respirer sur la terre.

Mais au moment de frapper le malade, le travailleur s'arrête. La logique du système s'arrête, immobilisée devant une barrière infranchissable. Il faut reconnaître ici un mystère. Ce travailleur, qui n'en peut plus, c'est un homme encore, un frère, un époux, un ami. On l'aime plus encore dans son impuissance, dans son infirmité. Pourquoi ?

Qu'est-ce donc qu'il faut reconnaître en lui ? Ce n'est pas son argent, car il n'en a plus : il est pauvre. Ce n'est pas sa capacité de travail, car il ne peut plus en avoir ; il est incurable, il va mourir. Mais c'est l'homme même, qui dépasse tout prix d'argent, toute valeur de production, toutes les choses de la terre. L'homme qui, on le sait, n'a pas de prix, et pour lequel est fait tout ce qu'on a construit. L'homme qui dépasse la terre et tout ce qu'elle produit, pour ouvrir les yeux et le cœur au mystère de l'infini. L'homme, image de Dieu.

Il fallait cet infirme, cet inutile, cet irrationnel, cet être inexplicable dans un monde de technique et de production, celui qu'on aime, bien qu'il ne serve à rien : il fallait le malade, comme une butée nécessaire sur cette voie où s'engage le monde moderne, risquant d'écraser l'homme lui-même, pour nous rappeler notre incomparable dignité. Il fallait le malade pour ouvrir une issue, dans ce monde matérialiste où l'on

1. Louis Lochet, « Savoir regarder le malade », Message du Secours Catholique, mai 1954.

étouffe, vers un monde spirituel, où l'homme puisse vivre enfin et être lui-même : le monde des malades.

Ce n'est pas par hasard que, dans tous les pays et dans tous les temps, les pauvres et les infirmes se donnent rendez-vous aux portes des églises [...]. Mais il ne faut pas se faire d'illusion : ce n'est pas nous qui leur rendons service, ce sont eux qui nous rendent le plus éminent service. Ce sont eux qui nous accueillent et nous font entrer dans l'Église [...].

Il est la porte de l'Église. Il nous introduit dans cette disposition d'amour fraternel que l'Église accueille et la grâce divinise [...]. Le malade, devant l'Église, nous rappelle à notre dignité divine et fait jaillir en nous, les sources mêmes de la charité.

Cependant, il n'est pas seulement aux portes de l'Église. Il est dedans. Et c'est ici qu'il est, plus que jamais, nécessaire [...].

Ce sont les petits, les humbles et les pauvres qui sauveront le monde, par la force de Dieu. C'est cela que le malade est tenu de nous rappeler dans l'Église. Telle est sa vocation. Il est là. On sait qu'il est dans l'Église et qu'il n'est pas inutile. Et cependant il ne fait rien, ou presque, apparemment. C'est un mystère. Il nous introduit dans le Mystère. Il nous rappelle, par sa présence même, que l'œuvre de Rédemption n'est pas une entreprise humaine, mais un mystère de Dieu. Il maintient sous notre regard le plus indispensable secret : la puissance de la Passion [...].

Voilà ce que le malade nous rappelle sans cesse. Et c'est pourquoi il incarne, au milieu de nous, le destin de l'homme dont la misère fait appel à la miséricorde de Dieu, il représente l'humanité nouvelle, celle du pécheur exposé à la grâce, il exprime en lui notre vocation surnaturelle qui nous fait participer, par notre misère même, au mystère du Christ et à sa gloire.

Il est au centre du mystère de l'Église.

2. *« À celles dont on ne parle jamais »*[1]

C'est le titre d'un article où l'abbé Lochet s'adresse surtout à des femmes qui vivent dans la souffrance d'une solitude de multiples natures. Il semble en avoir accompagné un certain nombre.

> Mais il en est dont on ne parle jamais, qui n'ont pas de nom, dont on ne sait parler, et à qui peut-être l'on ne saurait quoi dire : celle qui n'a jamais connu l'épanouissement de l'amour, la mort l'ayant séparée de celui à qui la vie ne l'avait pas encore unie ; celle qui porte, solitaire, les souvenirs de jours violents et douloureux. Il y a aussi celle qui fut mal mariée et qui a connu, trop tard, celui qui l'aurait aimée ; celle qui a bien son mari, là, tous les jours, mais un mari pour lequel elle n'est pas l'épouse ; celle… on n'en finirait pas, hélas, d'égrener cette litanie de misères indicibles. Je pense à tant de cœurs solitaires […].
>
> Et je ne leur dis pas : « Le Christ est à côté de vous, pour éclairer le drame que vous vivez d'une lumière de Rédemption » ; je leur dis : « Le Christ est en vous pour faire de ce que vous vivez son mystère de Rédemption. » Voici le passé irrémédiable, cette vie, cette mort, ce grand vide, cet échec, ces erreurs, ces péchés […]. Ce qui était perdu. Voici le présent, voici cette souffrance que vous portez et dans laquelle vous êtes plongées, sans rivage ; voici le désert où vous marchez sans soutien ; voici enfin la croix qui transforme la peine en rachat et relie la terre au ciel. Elle est plantée au centre de votre vie, son ombre recouvre votre vie et lui donne son sens. Tout le passé, quel qu'il soit, il dépend de vous, grâce à elle, de le reprendre, de le refondre et de le renouveler. Votre vie est dans l'avenir que vous préparez. Il n'y a rien de perdu qui ne puisse être racheté, rien de manqué qui ne puisse être transformé, parce que le Christ a tout pris et que le Créateur de tout est devenu le Rédempteur de tout.

1. Louis Lochet, *L'Anneau d'Or*, mars-avril, 1957, n° 74.

3. « Trois fléaux, qui font tant de ravages : l'alcoolisme, le divorce, l'avortement[1] »

Là encore, l'abbé Lochet se fait proche. Concernant le problème de l'alcoolisme, nous savons qu'il était activement engagé dans l'association « Vie libre[2] ».

4. Les problèmes familiaux.

Quant aux difficultés rencontrées par les familles, « un de ses articles sur « la finalité du mariage », paru dans la *Nouvelle revue théologique*, en mai 1951, a eu une grande portée : On en parlait beaucoup[3] ». En effet, l'abbé Lochet apporte dans cet article un éclairage renouvelé sur le sens profond du mariage et il termine ainsi :

> Il nous semble, au terme de cet exposé, que nous n'avons fait que commenter les textes de Pie XI et que ces textes, qui nous paraissent difficiles à concilier, s'éclairent maintenant. Nous avons retrouvé en effet très exactement les deux manières de considérer le mariage, dont parlait l'encyclique[4].
>
> Le mariage, considéré très précisément comme institué pour la procréation et pour l'éducation, c'est ce que nous avons appelé le « mariage-société » et dont nous avons montré, selon l'enseignement du magistère et de la tradition, qu'il a, pour fin première, le développement de l'humanité dans les enfants. Mais nous avons découvert, à la suite de l'encyclique, qu'on peut considérer le mariage, non plus seulement comme une société ayant sa fin spécifique dans l'ordre temporel, mais plus largement dans tout l'ensemble de la formation de la communauté humaine. Alors sa raison première et sa fin ultime, au-delà de toutes les fins temporelles qui définissent

1. Signalé par le bulletin du diocèse, novembre 1954.
2. Association qui soutient les malades de l'alcool, portant en eux le désir de guérir.
3. Père Pierre Lochet, déjà cité.
4. Encyclique *Casti Connubii* de Pie XI sur le mariage, décembre 1930.

> la société conjugale, c'est de permettre cet épanouissement total et cette communion des personnes dans l'amour qui durera éternellement.
>
> La pensée chrétienne semble bien s'être cristallisée autour de ces deux pôles : le mariage ordonné à la conservation de l'espèce par la génération et le mariage ordonné à l'épanouissement spirituel des personnes, dans l'amour[1].

Effectivement, ce document semble avoir été une référence : « Je suis extrêmement séduit par la présentation que vous faites de la finalité du mariage. Je crois que la solution est sûrement dans la voie que vous indiquez. La diffusion de ces cours peut aider beaucoup de nos étudiants en théologie, à voir clair dans un problème complexe. Merci pour le profit que j'y ai trouvé[2]. »

« Éducateurs pour l'Église d'aujourd'hui »

L'abbé Lochet avait reçu la charge d'une école qui se trouvait dans sa paroisse. Pour lui, cette responsabilité ne se réduisait pas seulement à accompagner les jeunes. Elle visait aussi à rencontrer les éducateurs. Une opportunité pastorale pour les aider à découvrir la profondeur d'un tel métier.

> L'éducateur chrétien est un homme que soutient l'espérance. Il commence dans l'espoir d'obtenir quelque chose des hommes. Il le faut. Mais il aboutit en espérant tout de Dieu [...].
>
> Connaître un homme, c'est découvrir ses promesses [...]. Espérer de quelqu'un, c'est le regarder du regard de Dieu [...]. Car ce n'est pas assez de dire que l'espérance est nécessaire à l'éducateur. Il faut voir qu'elle est par elle-même éducatrice [...]. Le plus grand service à rendre est de révéler aux hommes mêmes leurs possibilités de bien [...]. Aimer quelqu'un au-delà de ce qu'il est et pour ce qu'il peut devenir [...].

1. Louis Lochet, « Les fins du mariage », *NRT*, mai 1951.
2. Lettre du père dominicain Ambroise-Marie Carré au père Lochet, 1950.

> L'éducateur chrétien est réaliste, mais d'un réalisme surnaturel, le seul véritable, celui qui fait intervenir le péché et la grâce [...]. Former les hommes, c'est un travail de Dieu. Dieu seul a pu dire : « Faisons l'homme », parce que Lui seul peut imprimer en l'homme cette divine ressemblance qui le crée [...]. Cette certitude nous introduit dans l'espérance théologale [...]. C'est notre espérance en Dieu qui soutient notre confiance dans l'homme [...]. À cause d'elle, nous reprenons toujours une œuvre toujours compromise et sans cesse menacée. Elle nous fait communier à cette admirable confiance que Dieu fait à sa création, en la soutenant de sa toute-puissante fidélité, vers le terme qu'Il a conçu dès l'origine et qu'Il prépare à travers tous les temps : l'achèvement de tout et de tous dans la plénitude du Christ total.
>
> C'est dans cette lumière qu'il nous faut comprendre la splendeur de notre vocation d'éducateurs. Car c'est une vocation[1].

En 1957, lors de trois journées nationales d'études sur l'éducation de la charité, organisées par l'Union des religieuses enseignantes, il est intervenu sur le thème « Le prochain, mystère de Dieu ». L'idée qu'il y développe est qu'on peut redécouvrir, à travers le don de soi, le sens profond de la charité.

> Le sens de ces journées est de remettre sous vos yeux et de soumettre à votre réflexion cette vérité primordiale : l'éducation chrétienne est ordonnée essentiellement à la croissance de la charité.
>
> À travers tout l'enseignement, toute la discipline scolaire, tous les éléments de la vie en commun, de la prière et de la liturgie, c'est cela que vous êtes chargées d'éduquer, au sens fort de ce mot, c'est-à-dire de faire jaillir des ressources profondes de l'être et de la grâce. Sans cela tout est manqué. La formation intellectuelle la plus brillante, sans ouverture sur les autres, est un échec. En cela seul, le reste trouve son achèvement et son couronnement. En sorte que toute la formation du chrétien se résume dans l'éducation de la charité.

---

1. Louis Lochet, « L'éducateur chrétien, homme d'espérance », *Lumen Vitae*, vol. 9, 1954.

Et comme il n'y a qu'une seule charité théologale, qui est à la fois l'amour de Dieu et l'amour du prochain en Dieu, on peut dire en vérité que toute l'éducation humaine est une découverte des autres, une ouverture au monde et aux autres et pour finir, un don de soi au prochain en qui se dévoilent peu à peu l'appel, la présence, le mystère de Dieu.

C'est dire immédiatement la splendeur de votre tâche, car cette charité que vous êtes chargées, en chacun de ces enfants qui vous sont confiés, de promouvoir et d'éduquer avant et à travers tout, c'est la vie même de Dieu, c'est l'amour divin communiqué à leurs âmes, c'est la vie du Christ en eux. Grandeur de votre tâche : non seulement « former des hommes », mais en vérité « former le Christ » en eux, en formant des êtres qui vivent de l'Esprit du Christ, Esprit d'amour [...].

Le seul secret pour apprendre à aimer, c'est d'abord d'aimer. La charité seule suscite la charité. La générosité du don de soi appelle le don de soi. En sorte que, quand nous parlons d'éducation de la charité, il ne s'agit pas seulement de la promouvoir chez les autres, de chercher les bons moyens pour y faire entrer les enfants, mais bien d'y entrer avec eux, de telle manière que nous progressions ensemble dans l'amour divin et que notre progrès même leur soit consacré et suscite le leur [...]. C'est ainsi que le Christ élève les hommes. Il est pour toujours le modèle unique de l'éducateur. Ainsi sommes-nous engagés dans l'œuvre éducatrice d'une façon si profonde et si personnelle que ce ne peut être une simple activité [...] mais que cela touche toujours à notre vocation la plus intime, à notre progrès dans l'amour, qui requiert le don entier de nous-mêmes. L'éducation de la charité chez nos enfants, c'est notre progrès avec eux et pour eux, dans un climat de charité où nous sommes tout donnés.

Dans ce progrès même de la charité, nous découvrons lentement que Dieu nous attend chez l'autre et nous provoque à l'aimer en lui ; que le prochain est pour nous : mystère de Dieu[1].

---

1. Louis Lochet, *L'éducation de la charité*, L'Union des religieuses enseignantes, 1957.

Redécouvrir la grandeur du don de Dieu, redonner l'espérance

Nous voici en 1950 : Pie XII proclame le dogme de l'Assomption de la Vierge Marie. Face aux réactions diverses que suscite cet événement, l'abbé Lochet saisit ce moment pour porter sur cet acte ecclésial, une lumière de confiance.

> Il vaut mieux le reconnaître, devant la perspective d'une prochaine définition du dogme de l'Assomption, bon nombre de fidèles manifestent un certain étonnement. Ils mesurent mal la portée de cet acte. Pourquoi est-il besoin de cette définition ? Tout le monde ne croit-il pas depuis longtemps que la Sainte Vierge est montée au ciel ? La fête du 15 août ne suffit-elle pas chaque année, à l'affirmation solennelle de notre foi ? Pourquoi avoir attendu près de vingt siècles pour affirmer officiellement ce que tous ont dû attendre depuis les origines ? Et enfin, qu'est-ce que cela apporte de nouveau à notre foi et à notre piété ? [...]
>
> Sans entrer dans un exposé théologique qui manifeste la continuité de la foi des fidèles, des théologiens, des pasteurs et des Pères en ce fait de l'Assomption de la Vierge Marie, nous voudrions ici, accueillant filialement la décision de l'Église, montrer quel enrichissement ce dogme apporte à notre vie spirituelle, montrer surtout que cette proclamation vient exactement à son heure. L'Esprit, qui repose sur l'Église depuis les origines, lui fait prononcer au moment opportun les paroles dont le monde a besoin. Mais il faut chercher le sens des impulsions de l'Esprit dans l'histoire, pour en comprendre la portée, en saisir l'actualité [...].
>
> C'est que l'Église n'est pas seulement esprit. Elle est aussi un corps : le Corps mystique du Christ. Elle n'est pas seulement divine, elle est humaine aussi. Par ses membres, elle s'insère dans l'histoire et se développe au rythme du temps. C'est pourquoi les richesses divines qu'elle possède depuis toujours, elle les prononce lentement, avec des mots humains. La manifestation de son mystère se précise selon la croissance même et les possibilités de ses membres, selon leurs besoins aussi et les appels

du monde où elle vit et se développe. Elle reste la lumière sans laquelle il ne se comprend plus lui-même [...].

D'un côté, ce monde paraît foncièrement mauvais et voué à la ruine. Tous les efforts pour le transformer sont vains. De l'autre côté, par opposition à ce pessimisme même, voici qu'on espère de l'effort humain la transformation radicale de nos conditions de vie, l'avènement dans l'unité d'une humanité nouvelle [...].

En face de toutes ces formes d'erreurs, se dresse la pure lumière de l'Assomption de la Vierge Marie. Cette révélation vient combler l'intelligence chrétienne. Elle répond à tous les problèmes qu'elle se pose sur la valeur et l'avenir des réalités terrestres. Elle en dégage surnaturellement le sens, non à la manière humaine en ajoutant une nouvelle théorie, mais à la manière divine par l'humble réalité d'un fait, par le réconfort d'une Présence, par l'inépuisable richesse du mystère de Marie. Il suffit qu'elle soit ce qu'elle est pour que nous retrouvions l'espérance.

Par ce seul fait que Marie est dans le ciel en esprit et en corps, voici d'un seul coup confondue, toute forme de pessimisme absolu. Comment désespérer de la réalité terrestre, comment regarder l'humanité comme toute vouée à la mort définitive et à la totale corruption quand nous les voyons, en elle, déjà glorifiées dans le ciel !

Non, la terre n'est pas faite pour une définitive désagrégation, mais pour cette glorieuse Assomption [...]. L'une des nôtres est déjà passée. Elle est là qui nous fait signe de la suivre. En elle, l'humanité se transforme et le monde aboutit. Le terrestre entre dans l'incorruptible et le temps dans l'éternité. De son mystère, nous sommes solidaires. Il agit en nous, et sa gloire – ainsi la liturgie la salue – est déjà l'aurore de la nôtre[1] !

Nul doute que dans toute cette activité apostolique, l'abbé Lochet, en avance sur son temps, a connu des heures de combat, de solitude. Ainsi, certains passages de son *Carnet de route* le laissent entrevoir :

1. Louis Lochet, « L'actualité de l'Assomption », *Vie spirituelle*, novembre 1950, n° 356.

1955. L'adulte spirituel

Celui qui est capable de s'opposer à d'autres
sur le plan de la pensée
sans s'irriter contre personne
parce qu'il cherche simplement la plénitude de la vérité
le rayonnement de la vérité
et non son triomphe personnel...
celui qui est capable d'agir fortement
sans inquiétude, sans irritation,
parce que son action repose tout entière
sur l'amour des autres et sur la confiance en Dieu.

Noël 1956

Il ne suffit pas d'être critiqué pour être un saint...
La seule chose qui compte
est d'aimer Dieu, notre Père, et les autres, nos frères...
dans la pauvreté et l'humilité de Jésus Enfant.

Au milieu de tant d'occupations, qu'en est-il de sa santé, depuis qu'il a quitté le sanatorium ?

Quatre documents révèlent que le père Lochet garde toujours une santé précaire : « jamais malade et pourtant toujours très fragile[1] ».

La photo de La Bourboule date de 1946 [2]. Ce centre est célèbre pour ses cures au bénéfice des voies respiratoires. Le père Lochet est là. Sa mère et son oncle le visitent.

Par la revue *Lumen Vitae* qui présente les auteurs des écrits, nous savons que pour l'abbé Lochet « une nouvelle offensive des bacilles le condamna à prendre un repos relatif, pendant un an, comme curé de campagne ». C'était à Cormicy en 1950.

À Reims, on dit « qu'il était souvent fatigué. Il décommandait parfois les réunions. On faisait attention qu'il ne se fatigue pas[3] ».

1. Père André Abelé, déjà cité.
2. Cahier photo, planche III.
3. Nicole Fandre, femme du docteur Fandre. Reims.

Son vicaire, lui-même, témoigne : « Il était de santé fragile, mais cela ne l'empêchait pas de travailler. Il avait sa chambre contre la mienne. Une nuit, j'ai entendu des efforts terribles pour respirer. Je me suis dit : "on va le perdre". Je l'ai vu oppressé. J'étais effrayé. Le lendemain, il s'est levé, comme si de rien n'était[1]. »

Ma grâce te suffit[2] !

Comme il l'aimait cette Parole de Dieu !

Confiance et abandon à Dieu, humilité… chemin des serviteurs de Dieu. Il l'exprime lors de la fête de saint Louis de Gonzague. C'est lui qui fut l'interprète de tout le clergé pour adresser un discours à Mgr Marmottin dont c'est la fête :

> En voyant vos prêtres, vous pensez au diocèse, à ces quartiers nouveaux qui jaillissent ici et là, à ces écoles, à ces jeunes, à ces militants, à ces paroisses de campagne, à ces masses d'hommes qui ont besoin de prêtres et auxquelles vous ne pouvez toujours en donner. En voyant ce qui est fait […], vous pensez toujours à ce qui reste à faire […] et nous aussi […], on découvre tout ce qu'il faudrait faire et qu'on ne peut pas faire.
>
> C'est ici que votre saint patron, Excellence, vient à notre secours […]. Là où Louis de Gonzague me touche, ce n'est pas tant dans cette volonté si ferme qui le soutint dans sa marche rectiligne vers la sainteté, que dans son échec […]. Car il a eu son échec, du moins le sentiment de l'échec : la certitude intime de l'échec de tous ses efforts humains, la conscience de son échec personnel à conquérir la sainteté […].
>
> À la fin de sa courte vie, il doit le reconnaître devant son père maître : « Je ne suis point du tout arrivé, […] mon caractère reste aussi mauvais. Je suis raide et dur et froid comme du fer. »
>
> Il a tout fait […] et il a échoué. Mais c'est dans cet échec même qu'apparaît sa vraie sainteté et que se découvre la sincérité

---

1. Père Bernard Collet, déjà cité.
2. 2 Cor 12, 9.

> de sa démarche. Il a perdu ses illusions, il sait maintenant qu'il n'arrivera jamais, par ses efforts, à être le saint dont il a rêvé [...] et il remet son impuissance entre les mains de Dieu.
>
> Alors en quelques mois, Dieu fait de lui un saint. Non pas le saint qu'il voulait être [...], mieux que cela, le saint que Dieu même voulait qu'il fût.
>
> C'est en cela qu'il me paraît exemplaire et que sa lumière rejaillit sur nos vies. Pour nous aussi, la sagesse, sur le plan personnel comme sur le plan apostolique, est de découvrir, avec les ans, notre totale impuissance à réaliser nos plans [...]. Mais cette désillusion n'est point découragement, car il nous reste à remettre ce vide, que la vie et l'action ont creusé, entre les mains de Dieu qui le remplit selon la magnificence de son plan[1].

Le 21 juin 1954, l'abbé Lochet est nommé Chanoine. D'après le père André Abelé, « il n'a pas fait beaucoup de bruit à ce sujet. Ce n'était pas l'homme à se faire voir ».

D'ailleurs, au cours de l'installation des nouveaux Chanoines, « selon le cérémonial habituel à la cathédrale, Monsieur Lochet prend la parole au nom de tous : "l'Église nous donne ses dignités tout en nous apprenant à ne pas nous y attacher, afin que, selon les paroles mêmes de la Liturgie : *sic transeamus per temporalia ut non amittamus aeterna*[2]" ».

Lorsqu'il doit quitter la paroisse Saint-Louis pour sa nouvelle mission, le bulletin diocésain note simplement :

« Reims : installation de Monsieur l'abbé Favreaux à Saint-Louis [...]. Au cours de l'après-midi, Monsieur le chanoine Lochet s'arrêta discrètement à l'église de sa paroisse, pour un dernier adieu en tant que curé, et disparut[3]. »

Toujours la même attitude du serviteur venu simplement pour servir.

---

1. Louis Lochet, *Bulletin du diocèse de Reims*, juillet 1957.
2. « Passons à travers les choses de cette terre, de manière à ne pas perdre celles de l'éternité. »
3. *Bulletin du diocèse de Reims*, août 1960.

Dans le souffle de l'Esprit

Nous l'avons perçu, tout au long de ces dix années vécues surtout en paroisse, le chanoine Lochet est brûlé par un feu intérieur : l'Esprit saint doit pénétrer toutes les réalités du monde pour instaurer le règne de Dieu dès ici-bas. Le renouvellement de l'Église passe par le renouvellement de ses membres.

Oui, les mots « nouveau », « renouveau », sont comme suspendus à sa bouche : il parle du « renouvellement d'amour », de « manière nouvelle de vivre », « d'actes nouveaux », « d'horizons nouveaux », « d'exigence de renouvellement spirituel », « de phase nouvelle de l'Église », « de croire en l'Église d'une façon nouvelle… » Autant d'expressions constantes qui sont déjà dans ce qui sera le souffle du Concile.

Comme le disent certains prêtres qui ont vécu avec lui :

> Il a préparé le Concile, car bien de ses idées ont été reprises par Vatican II. Beaucoup estimaient que Louis a participé à sa manière au Concile. Ses écrits étaient très évangéliques. Ils ne portaient pas trop sur les structures de l'Église. Lui, il était centré sur le Christ et sur ce que le Christ attend des chrétiens. Or, le Concile est bien un retour au Christ, à l'Évangile et à la mission, avant d'être une organisation[1].

> Grand mystique, pasteur, spirituel de très bonne théologie, c'est un chaînon vers Vatican II avec une armature solide et forte[2].

> Quelle respiration il nous a apportée ! Il faisait respirer l'Évangile. Il nous a préparé le Concile. Il nous a fait avaler le Concile[3].

1. Père Pierre Lochet, déjà cité.
2. Père Pitaud Bernard, prêtre sulpicien, Paris.
3. Père André Abelé, déjà cité.

V

Un Maître dans le souffle de l'Esprit saint

Monsieur le chanoine Louis Lochet, curé de Saint-Louis de Reims est nommé aumônier diocésain des Vocations sacerdotales et religieuses, et conseiller du clergé, le 23 juillet 1960[1].

> Le père Lochet a été dans cette période, non pas un arbitre mais un théologien qui, comme le pape François, revient toujours à l'Évangile pour y puiser le vrai souffle missionnaire du Christ et c'est ainsi que sans trop le savoir ou le vouloir, il était devenu celui auquel on recourt pour trouver la voie. Lui-même s'est engagé dans l'action catholique des milieux sociaux. On ne s'étonnera pas alors que le père Lochet ait été nommé, par l'évêque, conseiller des prêtres du diocèse[2].

> Champion de la théologie pastorale, c'était un maître spirituel au cœur de la pastorale, sans imposer sa conception. Il nous frappait à l'intérieur de nous-mêmes[3].

Il assumera cette mission pour la formation permanente, au cœur de l'Église de Reims et en pleine période conciliaire, jusqu'en 1974. Elle rayonnera bien au-delà de ce diocèse.

1. Bulletin du diocèse de Reims, 23 juillet 1960.
2. Père André Abelé, octobre 2013, déjà cité.
3. Père Jean-Hugues Marlin, octobre 2013.

Aumônier diocésain des vocations sacerdotales et religieuses et conseiller du clergé en juillet 1960, il deviendra aussi aumônier de l'UNCAHS[1] en décembre 1960 ; aumônier des Aides aux prêtres en décembre 1961 ; aumônier de l'établissement scolaire « l'Institution Jeanne d'Arc » en décembre 1962. En septembre 1963, il assure l'aumônerie diocésaine des religieuses et la direction du Centre de pastorale liturgique, puis fait partie du Conseil du presbyterium en septembre 1967. Le 4 avril 1969, il est élu « avec une forte majorité[2] » pour représenter le clergé de Reims aux travaux de l'assemblée plénière de l'épiscopat.

Ces différents ministères l'amènent à répondre à de nombreux appels très variés : retraites, récollections, sessions aux prêtres, évêques et séminaristes, aux religieux(ses), aux jeunes, aux mouvements d'Action catholique, aux professionnels de la santé et de l'éducation, à des Associations caritatives. Il a initié « le mois sacerdotal[3] », mois de formation pour les prêtres par tranches d'âge, très apprécié. Il organisait des sessions de pastorale liturgique (liturgie et vie) et était présent lors des pèlerinages et des camps d'éveil au discernement.

« Tout le monde l'estimait. On aimait prendre des notes car on buvait ses paroles [...]. Là, nous avons vu le Saint-Esprit[4]. »

Il logeait dans une petite maison pour le clergé, au 26 de la rue Pontgivart où il accueillait beaucoup. Il entretenait aussi de nombreux contacts, par correspondance, tissant au fil des circonstances, un véritable réseau de relations.

C'est durant cette période qu'il rédige une grande partie de ses écrits. Jusqu'à ce jour, nous avons répertorié trente-neuf revues qui ont fait paraître ses articles, ses dossiers, huit livres et six autres en collaboration.

---

1. L'Union nationale des congrégations d'action hospitalière et sociale.
2. 205 suffrages, face au second : 44 voix. *Reims-Ardennes*, avril 1969.
3. Chaque année, de 1962 à 1967.
4. Sœur Madeleine, chanoinesse de la Congrégation Notre-Dame, Reims.

Après *Fils de l'Église*, il écrira *Fils de Dieu*, deux livres célèbres qui abordent « le fond et l'essentiel des desseins éternels de Dieu, le fond et l'essentiel du christianisme ainsi dévoilés et livrés à notre contemplation aimante. Par là, notre vie entière et notre action de chrétiens doivent être transformées[1] ».

Le père René Wolfram[2] en apprécie ainsi toute sa portée et sa valeur :

> Au Grand Séminaire, l'enseignement était donné par matière, par spécialité. C'était juste mais émietté. Par ses livres : *Fils de Dieu* et *Fils de l'Église*, le père Lochet a tout rassemblé et là, il a tout structuré. C'est un théologien spirituel qui organisait toute la spiritualité que le savoir théologique nourrissait. Il avait le sens de cette grande théologie, le discernement, le goût du vrai et dans la grande veine de l'Église.

Nous consacrerons donc ce chapitre davantage à sa pensée, tout en sachant que le but d'une monographie n'est pas de faire un travail approfondi sur des écrits. Cela demande une autre démarche qui pourra se faire en son temps. Ici, nous essayerons simplement de dégager quelques aspects importants, à la lumière de la spiritualité du concile Vatican II.

Le merveilleux dessein de Dieu

Toutes ses réflexions, il les situe dans le merveilleux dessein de Dieu, « Dieu créateur, Amour qui agit[3] ».

> Il y a assez d'amour dans le monde, pour savoir qu'il y a quelque part une source d'amour. Mais la source est plus haute que le ruisseau : Dieu nous dépasse à l'infini [...]. Ce mystère

1. Jean Daujat, Bulletins « Doctrine et vie », principaux extraits : années 1951 à 1998.
2. Foyer de Charité, Ottrott, Bas-Rhin.
3. *Lumen Gentium* (LG 2).

de Dieu, c'est sa vie même ainsi que sa présence et son action. Tout cela nous enveloppe et nous dépasse étrangement.

La bonté de Dieu pour nous est à l'œuvre depuis le commencement. L'histoire du monde s'ordonne pour devenir une histoire sainte. Elle devient, dans cette lumière, une manifestation progressive de l'amour de Dieu pour son peuple et pour le monde : une épiphanie de l'amour miséricordieux. C'est ainsi qu'il faut la lire pour la saisir dans le sens où l'esprit la dirige. Elle est scandée d'âge en âge par le refrain du psaume 137 : c'est lui qui crée et qui gouverne, « car éternel est son amour ». C'est lui qui relève et pardonne, « car éternel est son amour ». C'est lui qui éprouve et qui couronne, « car éternel est son amour ». Cette vision de l'histoire où transparaît le don de Dieu à son peuple, illumine le visage de l'Église. Il faut comprendre ainsi sa vie, sa structure et son destin. Elle est le signe de la présence aimante de Dieu à l'humanité, dans le Christ ; et, à travers ses misères, d'une charité en marche qui ne l'abandonne jamais[1].

Le Christ, médiateur, plénitude de la Révélation[2]

Au cœur de ses réflexions, le père Lochet plante le Mystère du salut en Jésus-Christ, Mystère Pascal : don de Dieu pour l'homme et l'univers, « rythme du monde ».

Pour recevoir la vie divine, il faut mourir à nos péchés et à nos limites. Ce dépassement qui est accomplissement, mort et vie, nous ne pouvons le vivre qu'en Jésus-Christ.

Voici l'humanité qui se lève en une seule démarche, qui est celle même du Fils retournant vers le Père. Et non seulement les hommes, mais l'univers entier.

Car l'élan de la Rédemption rejoint le geste créateur [...].

Par ce passage douloureux de la mort à la résurrection, le Christ lui-même entre dans une vie nouvelle, il entre dans sa gloire, il devient « Esprit vivifiant ». Il pénètre dans la véritable

1. Louis Lochet, *Fils de Dieu*, Cerf, 1963, p. 23-34-35.
2. Vatican II, cf. « La révélation divine », *Dei Verbum* (DV 4).

> Terre promise, son Royaume : l'Église. Il devient source de vie pour une multitude de pécheurs. Glorifié en son corps par sa résurrection, monté à la droite du Père et manifesté comme Fils par son ascension, il achève ainsi la révélation du mystère de Dieu en sa vie trinitaire en envoyant l'Esprit [...]. Toute l'économie de la Rédemption est une épiphanie de Dieu dans sa vie trinitaire.
>
> Nous sommes d'une humanité divisée par le péché et régénérée par la grâce, tombée par sa faute pour être relevée par la grâce dans la vie de Dieu [...]. Tout dépend de cet amour premier de Dieu pour ce monde. Tel est le secret primordial de notre vie, le point de jaillissement de notre histoire, l'explication de tout. Dieu crée et Dieu rachète pour cela [...]. L'unité humaine se retrouve reconstituée, à partir de l'unité même de Dieu [...]. De proche en proche, par la grâce du Christ, l'humanité est régénérée et reconstituée en lui, avec le monde même qui la soutient, dans l'unité d'amour qui est l'Esprit filial. Tout vient du Père par le Fils dans l'Esprit, tout remonte par l'Esprit dans le Fils incarné vers le Père. Toute notre vie, toute la vie de l'humanité, toute l'histoire du monde tel qu'il est, sont suspendues à ce rayonnement de l'amour éternel du Père et du Fils dans l'Esprit. Ils nous l'ont révélé et communiqué gratuitement dans le temps, pour nous y faire entrer, avec eux, dans la joie de leur éternité. Tel est le don de Dieu : le péché lui-même ne fait qu'en préparer et en faire éclater l'insondable générosité [...] pour l'illumination et le salut de l'univers entier[1].

Nous le voyons, tout part de la Trinité et tout retourne vers Elle. Vie trinitaire qui, dans le souffle vivifiant de l'Esprit saint, comme un jaillissement, veut se répandre partout. « Jaillir », « jaillissement », « envahissement », « effusion » : ces mots parcourent les écrits du père Lochet et les font vivre.

Sa parole est toujours d'une simplicité limpide et profonde comme l'eau claire du ruisseau qui bondit, rafraîchit et étanche.

1. Louis Lochet, *Fils de Dieu*. op. cit. Extraits de la page 108 à 148.

C'est ce qui a fait dire à un évêque : « Il renouvelle tout ce qu'il touche[1]. »

Dans une vision d'avenir, il plonge dans l'espérance de la Croix victorieuse du Christ. « Le chrétien qui vit dans l'Esprit connaît le mystère du salut, c'est-à-dire le plan que Dieu, par la Croix du Christ et par son Esprit répandu, nous rend vainqueur de la mort en qui résidait la puissance du prince des ténèbres[2]. »

Voici, pourrait-on dire, le centre de la réflexion théologique, spirituelle et pastorale du père Lochet.

Une théologie « faite à genoux »

À genoux, est-ce là le secret de la clarté de ses paroles, et de leur fécondité dans les cœurs ?

Ce mystère du salut, ce plan de Dieu, sa fécondité par la Croix du Christ, le père Lochet les avait sans doute, souvent et longuement contemplés, médités, goûtés même, à l'école de la souffrance, notamment à Thorenc[3]. Cette expérience physique, intime et spirituelle de la douleur, lui a fait écrire :

> Au fond même de la souffrance, voici que Dieu a creusé dans l'âme le vide par où il est entré. « J'ai soif. » Oui, la distension sur la croix, la sueur et le sang, les clous et les épines, tout cela donne soif. Voici donc que par la souffrance, nous sommes entrés secrètement dans la troupe innombrable et cachée de ceux qui ont faim et soif, dans la troupe des affamés et dans la maison des pauvres. Nous sommes de ceux qu'aucun bonheur humain ne peut plus rassasier, car nous savons ce qu'il est.
>
> Mais c'est pour ceux-là que Dieu est. C'est à ceux-là qu'Il se donne. Les riches, les repus, il les renvoie les mains vides ; les affamés, les assoiffés, il les a comblés de ses biens. Il les a remplis de Lui-même. Voici donc que la souffrance a creusé

1. Parole d'un évêque, cité par Mgr Jacques Gaillot.
2. Eph 6,10-20. Parole de Dieu souvent méditée par le père Lochet.
3. Sanatorium, déjà cité.

dans nos cœurs ce vide et cette soif qui sont l'attente de Dieu. Voici donc que la souffrance nous a ouverts à Dieu et par là même à la vie, à la joie, à l'éternel bonheur. Voici qu'il faut comprendre enfin que cette déchirure affreuse dans la trame de notre bonheur humain, c'est Dieu même qui s'en est servi pour entrer dans notre vie. Voici que tout cela prend son sens. C'était donc Lui qui nous cherchait, non point pour nous briser, mais pour nous ouvrir. Et ces coups qu'il frappait, c'était Lui déjà à notre porte, qui attendait pour nous combler de sa Présence et nous faire entrer dans sa Joie. C'était donc vrai qu'il nous aimait vraiment et nous ne le savions pas[1].

À la source du Cœur de Jésus

Il faut aussi nous rappeler son appartenance à l'Institut des prêtres du Cœur de Jésus[2]. Il a désiré y entrer, dès le lendemain de son ordination.

> Le Cœur de Jésus, source d'amour sacerdotal [...], nous y entrons en prêtres, pour devenir plus parfaitement médiateurs, en étant offerts et sacrifiés, comme le Christ, en rédemption pour beaucoup. Le Cœur de Jésus est tout amour pour Dieu. Il suffit de lire l'Évangile pour découvrir bien vite que c'est sa disposition maîtresse[3].
>
> On restait prêtres diocésains, actifs collaborateurs de l'évêque [...]. Mais nous étions très attachés à la spiritualité du Sacré-Cœur. Ce n'était pas une « dévotionnette » : par exemple, nous n'étions nullement portés à adorer Jésus comme « le divin prisonnier » du Tabernacle ! Non, c'était le Cœur de Jésus transpercé, ouvert sur le monde avec une dose de tendresse et de cordialité[4].

1. Louis Lochet, « La souffrance, ouverture à Dieu », *Offertoire*, octobre 1954.
2. « Louis Lochet reste l'un de ceux qui ont le plus aidé l'Institut à prendre en compte sa sécularité et à intégrer la mission apostolique du prêtre dans sa spiritualité », selon François Morlot, membre de l'Institut.
3. *Manuel de l'Institut séculier des prêtres du Cœur de Jésus*, n° 39, 75.
4. Père Joseph Hannesse, déjà cité.

Ainsi, « *abouché*[1] » à la Source de tous les dons, à la Source Trinitaire, au Cœur de Jésus, le père Lochet va dispenser sa parole, avec la liberté que donne l'Esprit Saint, aux « fils de Dieu ».

Se tourner « vers les temps présents »[2]

Entendre la vie du monde d'aujourd'hui. Cette nécessité, qu'exprime l'Église de Vatican II, a toujours été une orientation naturelle, incontournable, vitale pour le père Lochet.

> Dès que la Parole de Dieu est annoncée aux Patriarches, elle est un appel et une promesse ; et dès les premiers instants, cette promesse concerne l'humanité entière. Elle vise à son terme et comme à l'horizon de l'histoire sainte qu'elle inaugure, un rassemblement de tous les peuples en une seule famille bénie de Dieu[3].

« Le monde », « tous les hommes »

Ces mots reviennent sans cesse à sa pensée, comme une passion intérieure. Il écrit :

> Pour la grande masse des hommes, dont nous portons l'amour en notre cœur, Dieu n'existe plus. Il n'a plus, semble-t-il, d'influence profonde sur leur vie. C'est trop dire qu'ils l'ont nié. Dans le monde où ils vivent, ils ne l'ont point rencontré. Ils ne le rejettent pas, ils s'en passent… cela pose à tous les chrétiens une question douloureuse : si une telle masse d'hommes n'a pas rencontré le Dieu vivant, ne serait-ce pas que nous ne l'avons pas assez porté[4] ?

---

1. Terme utilisé dans son livre *Fils de Dieu*, p. 330.
2. Vatican II, cf. « L'Église dans le monde de ce temps », *Gaudium et spes* (GS 3).
3. Louis Lochet, « De l'orient et de l'Occident », *NRT*, 1959.
4. Louis Lochet, *Fils de Dieu, op. cit.*, p. 9.

> Ce monde auquel nous appartenons, est-il capable d'entendre parler de Dieu ? Le monde moderne attend-il Dieu ? A-t-il encore besoin de Dieu ? Que de fois nous nous sommes posé cette question fondamentale en abordant les hommes de notre temps : ces familles ouvrières, ces milieux… Les appels de Dieu dans l'Église semblent sans rapports avec leur vie réelle… N'y a-t-il plus de place en ce monde-là pour l'Évangile[1] ?

Question douloureuse pour les chrétiens. Il ne semble pas trop exagérer de dire que le père Lochet a souffert dans l'Église et pour l'Église. En cette « Nouvelle Pentecôte d'Amour » annoncée, il ressentait en lui-même toute la lourdeur de la vie ecclésiale qui s'était quelque peu sclérosée, tout ce visage du Christ qui avait perdu de sa lumière dans le visage de ses membres, aux dépens de la crédibilité de l'Église. Durant les dix années de son ministère en paroisse, il avait déjà mesuré combien elle avait besoin d'évoluer, de se renouveler. Elle ne pouvait rester figée.

> Il a donc accueilli le concile Vatican II avec joie. Il s'y est engouffré de toute sa force, sans ménager ses énergies pour essayer de le faire comprendre, d'aider à le mettre en application, le faire vivre dans son diocèse et au-delà : « Il nous a fait avaler le Concile[2]. »

Il était bien conscient des risques qu'un tel renouveau offrait aux chrétiens et des dangers de division que l'Église pouvait alors encourir, s'il n'y avait pas un « pourquoi ? » et un « pour quoi », explicités à tous.

> Le type même de ces oppositions est celle qui se creuse entre partisans de la fidélité au passé et ceux de la découverte de l'avenir ; ceux qui considèrent ce que Dieu nous a déjà donné de grâce et de vérité, qui est inaliénable, et ceux qui

1. Louis Lochet, « Vie filiale et vie fraternelle dans l'Église », *Jesus Caritas*, 1964, n° 134.
2. Père André Abelé, avril 2013, déjà cité.

> considèrent ce que Dieu est en train de renouveler, qui est indispensable ; ceux qui regardent l'Église comme déjà faite, ceux qui la vivent comme en train de se faire.
>
> Les uns chercheront, en tout, la fidélité au passé, les autres, l'adaptation à l'avenir. La tradition des uns est de garder ce qui nous est transmis, celle des autres est de le faire fructifier. L'Écriture pour les uns est à respecter dans ce qu'elle a d'immuable, pour les autres, elle est à découvrir dans une compréhension toujours neuve.
>
> L'Église apparaîtra, ici, sous son aspect d'institution à garder et à faire grandir selon un plan tracé d'avance, et là, plutôt sous son aspect de mission, toujours à adapter aux appels et aux besoins du monde.
>
> Une multitude d'options pastorales, d'attitudes spirituelles viendront germer sur ces orientations de base, souvent à peine exprimées. On risque alors de se durcir ; chaque option particulière deviendra le signe d'un système dans lequel des valeurs essentielles sont reniées. Il n'est pas besoin de descendre dans le détail de ce qui concerne les écoles, les patronages, le ministère paroissial, et même l'administration des sacrements, pour savoir que tout devient nid de conflit, germe d'opposition, quand on n'est plus d'accord sur les bases[1].

Conscient et visionnaire, le père Lochet a su éveiller autour de lui aux signes de l'action de Dieu. Il soulevait dans l'espérance, en pointant du doigt, le « dessein de Dieu en action » dans tous les possibles merveilleux que peut opérer aujourd'hui le Saint-Esprit.

Vers une Église différente ?[2]

Une « autre Église » ? Non, mais une « Église autre » ; pas une nouvelle Église, mais une « Église renouvelée ».

---

1. Louis Lochet, « Tensions et recherche de l'unité entre prêtres », *Cahiers du clergé*, février 1965.
2. Louis Lochet, *Vers une Église différente*, DDB, 1998.

Le père Henri Bastin l'a bien compris :

> Le père Lochet ne manquait pas d'audace. Pour preuve, je ne cite que le titre de son livre *Vers une Église différente*. Il y apparaît vraiment comme un visionnaire, attentif aux signes des temps et préoccupé de les rejoindre sans peur, dans la réflexion que l'Église est amenée à faire sur sa mission [...]. Ce livre reste profondément inspirateur pour moi dans ma vie de pasteur[1].

Le père Lochet perçoit que :

> L'Église a vécu dans une expérience douloureuse, le danger mortel qui la menace, si sa vie se replie dans des cérémonies, sans lien avec la vie, tandis que la vie du monde se déploie en dehors de l'inspiration chrétienne et l'étouffe. Une fois de plus, l'Esprit se répand dans le monde pour le transformer [...], pour faire pénétrer la vie du Christ dans toutes les réalités de vie, dans toute l'épaisseur du monde.
>
> L'Esprit agit par l'Église dans le monde du travail et elle pense progressivement une doctrine sociale ; l'Esprit agit par l'Église dans le monde des relations internationales et proclame les lois universelles de la Paix ; l'Esprit agit dans le monde de la science et fait découvrir les liens de la foi et de la connaissance scientifique. L'Esprit pénètre les relations des époux et la vie familiale et éclaire les grandes lignes d'une spiritualité conjugale [...]. La seule réponse à l'athéisme des masses est la présence et l'action du Dieu vivant au cœur de toutes les réalités de vie. Voilà ce qui est en train de se faire[2].

Tradition et renouveau, enracinement et mouvement, fidélité et liberté : tout se tient pour le père Lochet. « Voici que je rends toute chose nouvelle[3]. » On a pu parler du « dynamisme

---

1. Père Henri Bastin, déjà cité.
2. Louis Lochet, « Le passé prépare l'avenir », *L'Anneau d'Or*, août 1961, n° 99-100.
3. Expression que Mel Gibson fait dire au Christ, dans son film *La passion du Christ*.

Lochet». Il va donc profiter de toutes les missions qu'il reçoit, de tous les appels qu'on lui lance, pour essayer de réveiller les chrétiens, leur présenter la grâce de l'Esprit conciliaire, les aider à la recevoir et autant que possible, à s'y engager, pour que le Concile ne soit pas lettre morte.

> Le Concile ne se passera pas sans nous. Il constitue une étape de la vie d'Église dont nous faisons partie ; une action de Dieu dans son Église qui passe à travers tout le Corps ecclésial, de la tête aux membres [...]. Cela veut dire que la vie de tous s'en trouve affectée, comme l'état de guerre mobilise les soldats et modifie toute la vie du pays. [...] Cela ne se passe pas seulement devant nous, mais en nous [...]. Ce qui va nous atteindre, ce n'est pas seulement l'action des hommes, mais l'action de Dieu, [...] le dessein de Dieu en action [...]. Au-delà et au-dedans, il y a l'action de l'Esprit, qui n'ajoute rien sur le plan humain, mais qui transforme tout dans le dessein de Dieu[1].

Pour renouveler l'Église, il faut d'abord se convertir au Christ[2]

Là est la source de tout renouveau et c'est une bonne nouvelle. Aussi le père Lochet fait-il découvrir, par la contemplation des rencontres du Christ dans l'Évangile, toute une pédagogie de la conversion.

> Il faut, pour devenir chrétien, qu'un jour, tout homme rencontre le Christ vivant, qu'il croie en Lui et que cela change toute sa vie [...]. Mais comment cela peut-il se faire ?

Rencontrer le Christ

> On voit bien, dans l'Évangile, ce que fut la rencontre du Christ pour ses premiers disciples. Ils ont rencontré quelqu'un.

1. Louis Lochet, *Le Concile dans la vie de l'Église et dans la nôtre*, 1961, p. 6.
2. *Lumen Gentium* (introduction).

Cela a changé toute leur vie, [...] le Christ [...], un vivant [...], un ami [...]. Plus qu'un ami : un Sauveur [...]. Ainsi, aboutir à la même certitude et à la même foi : tout, sans Lui, est perdu : tout, par Lui, peut être sauvé. Je le sais. Aujourd'hui et pour toujours.

Alors tout est changé. La religion n'est plus un poids, mais une vie. Non plus des choses à « faire », mais quelqu'un à aimer. Toute la foi, c'est Lui, ressuscité, en qui on se confie. Toute la morale : c'est sa vie, dont il faut vivre aussi. Toute prière, tout sacrement, c'est Lui enfin qu'il faut rencontrer pour vivre de sa vie. Quelle que soit sa misère, le chrétien est entré dans la joie et dans la liberté.

Suivre le Christ

Cette première rencontre du Christ est tellement éclairante, qu'il nous semble d'un seul coup que nous avons tout compris. Tout, en effet, est changé, mais cette conversion au Christ Sauveur n'est que le commencement d'une lente et laborieuse conversion de toute la vie, pour y faire passer l'Évangile [...].

Suivre le Christ, c'est entrer avec Lui, dans un monde nouveau, où les valeurs, que le monde apprécie en général, sont complètement renouvelées et bouleversées [...]. Accepter simplement la condition humaine, vivre avec les hommes, avec nos frères, avec tous, simplement. Donner sa vie pour eux. Travailler là où Dieu nous a mis, servir, aller aux plus pauvres. N'exclure personne, ne juger personne, ne condamner personne. Annoncer, par sa vie et par sa parole, la bonne nouvelle du Salut, l'amour infini de Dieu pour tous, la miséricorde de Dieu à l'égard des pécheurs. Parfois être rebuté, être refusé, être rejeté, mais toujours pardonner et, pour finir, donner sa vie, au jour le jour.

Demeurer en Lui et Lui en nous

Il ne faut pas le chercher loin, mais vivant et agissant au cœur de nos vies, au centre de nos rencontres, au-dedans des événements, présence qui transforme du dedans toute notre vie en vie « chrétienne ». C'est par cette présence active du Christ en nous que nous pouvons rayonner sa charité, sa lumière, son salut [...]. C'est la seule condition que le Christ met à notre fécondité apostolique : demeurer en Lui, ou, ce qui revient au même, demeurer dans son amour[1], ou encore vivre dans la charité fraternelle, l'amour de tous, car Dieu est Amour. Alors tout est possible, puisque Dieu est en nous [...]. Telle est la rencontre définitive, la conversion dernière à la vie en Dieu, qui commence sur terre et ne s'achève jamais : la vie éternelle[2].

Pour renouveler l'Église, il faut évangéliser ses comportements

Sommes-nous évangéliques dans nos comportements collectifs de chrétiens, de catholiques ? [...]. La vie de tous les jours est-elle pénétrée de la vie de charité du Christ ? La vie même de l'Église comme institution est-elle toujours expressive de la charité évangélique ? Il y a comme un reflet du « monde » dans l'Église ; une projection des valeurs d'argent, du souci de dominer, de l'ambition, de l'avancement. [...] Tout cela doit être sans cesse dépassé, pour qu'en elle resplendisse le visage du Christ. Il y a un manque de présence des chrétiens et de l'Église aux souffrances des opprimés et des pauvres [...]. C'est pourquoi le désir de se convertir s'est toujours traduit, chez ceux que l'Esprit anime, par un retour à la vie évangélique [...], détachée de l'esprit du monde et plus présente au monde[3].

1. Saint Jean, 15.
2. Louis Lochet, « Notre conversion au Christ », *Offertoire*, juillet-octobre 1964.
3. Louis Lochet, *Le Concile dans la vie de l'Église et dans la nôtre*, *op. cit.*

Retrouver la dimension communautaire de l'Église[1]

Ce sera un rappel permanent chez le père Lochet. Il n'est pas possible de concevoir l'Église autrement, puisqu'elle est Icône de la Sainte Trinité qui est justement communion.

> L'Église veut se redéfinir avant tout comme le peuple de Dieu, une famille, une fraternité, une communion. C'est cela qui révèle au monde la charité de Dieu : « Voyez comme ils s'aiment[2] ! »
>
> Mais, là où vous êtes, avez-vous fait de l'Église d'abord une amitié, une rencontre fraternelle[3] ?
>
> Si ce monde ne nous entend pas, c'est peut-être que nous n'avons pas su lui parler le langage qu'il comprend. Ce monde semble tout dominer, tout posséder, tout comprendre, et cependant ce monde est insatisfait. Il y a en lui une inquiétude fondamentale, qui va parfois jusqu'à l'angoisse, souvent jusqu'à la lassitude, au dégoût. Il y a un besoin fondamental d'amour et de communauté qui n'est comblé par rien de ce que la technique lui apporte.
>
> Ils attendent de l'Église un langage concret. Ils sont habitués au langage des faits. La fraternité chrétienne doit être un fait. Ce fait répond à une attente : il exerce une attirance. Pourquoi sont-ils si déçus quand, dans ses rencontres liturgiques, l'Église ne leur a pas donné cette fraternité ? C'est qu'ils portent en eux cette attente [...]. Ainsi l'Église, dans la lumière de Dieu, se présente d'abord comme une fraternité. Elle s'inaugure dans l'échange des biens et des services au niveau de la vie quotidienne, et débouche dans une rencontre des personnes, qui scelle l'amitié dans l'amour fraternel. C'est cette fraternité qui prie. C'est cette communauté humaine qui s'exprime devant Dieu en louanges, en appels, en actions de

1. *Lumen Gentium* (LG 1).
2. Louis Lochet, *Le Concile dans la vie de l'Église et dans la nôtre, op. cit.*
3. Louis Lochet, « Pour nous qu'est-ce que l'Église ? », *Bulletin de liaison ACMSS* (Action Catholique des milieux sanitaires et sociaux), décembre 1964.

> grâces. C'est une assemblée, unie par la charité fraternelle et par la vie, qui célèbre ce qu'elle est, qui annonce ce qu'elle est, qui renouvelle son unité dans le Christ, par l'Eucharistie : « Ils fréquentaient assidûment le temple [...]. Ils se montraient assidus à l'enseignement des Apôtres, fidèles à la communion fraternelle, à la fraction du pain et aux prières[1]. » Enfin, c'est cette fraternelle assemblée unie qui attire à elle et annonce le Christ ressuscité : « Et chaque jour le Seigneur adjoignait à la communauté, ceux qui seraient sauvés[2]. »
>
> Le langage de Dieu, c'est l'incarnation de l'amour. Tel est le visage de l'Église que le monde attend et ce mystère est plus actuel que jamais. Communauté de vie et d'amitié, communauté de foi et de prière, c'est cela l'Église en son premier jaillissement. C'est cela l'Église qui convertit le monde[3].

Sacerdoce commun des fidèles et sacerdoce ministériel, « ordonnés » l'un à l'autre[4]

« Ordonnés l'un à l'autre », belle expression du Concile pour faire ressortir cette articulation vitale « prêtres-laïcs » pour la vie de l'Église et du monde. Le père Lochet soulignera souvent cette nécessité ecclésiale et les exigences qui en découlent.

> La mission de l'Église, ce n'est pas seulement le salut des âmes, c'est le salut du monde. C'est de faire en sorte que ce monde entier soit pénétré de l'Esprit de l'Évangile, pour préparer le retour du Seigneur qui consacrera l'effort de l'Église. Dans cette mission, que nous découvrons chaque jour davantage, le laïcat trouve sa place. Le laïcat est chargé par l'Église de cette évangélisation de tous les milieux de vie. Et c'est une découverte essentielle à l'Église de notre temps, nous le savons, que cette part des laïcs dans la profession, dans la

1. Ac 2, 42.
2. Ac 2, 47.
3. Louis Lochet, « Vie filiale et vie fraternelle », *Jesus Caritas*, *op. cit.*
4. *Lumen Gentium* (LG 10).

famille, dans l'art, dans la presse, dans tous les services qui s'occupent de la santé[1].

Nous avons parlé des prêtres et des fidèles, comme de deux catégories adéquatement distinctes dans l'Église. Comme si le prêtre n'était pas aussi un fidèle ? La question fait sourire. Elle est grave. En définissant le sacerdoce des prêtres par les pouvoirs qui leur sont propres, on leur a trop souvent donné l'impression que leur vocation les mettait à part du Peuple de Dieu, qu'ils n'exerçaient leur ministère et n'étaient prêtres que dans les fonctions où ces pouvoirs entraient en action. À ce prix, quelle déformation cléricale ils risquent de subir !

Il nous faut lentement laisser se détendre certaines contractures : le prêtre est d'abord un homme parmi les hommes, un baptisé parmi les baptisés, il écoute la Parole et se laisse interpeller par elle avant de l'annoncer. Il ne peut être le ministre d'une religion dont il ne serait pas d'abord le fidèle, ni le prêtre d'une humanité dont il ne serait pas d'abord un membre vivant [...].

C'est l'Église entière qui évangélise, c'est-à-dire qui annonce Jésus-Christ au monde. Non pas que les laïcs n'aient ici un rôle propre, une mission irremplaçable. Chaque jour, nous réalisons mieux que l'évangélisation ne peut se passer de l'intervention active des laïcs : que ce soit celle qui se passe dans les structures temporelles – milieu de famille, de travail, de loisir, d'information – ou dans les structures ecclésiales – catéchuménat, catéchèse, préparation au mariage, écoles et préparation au sacerdoce. Mais ce qui apparaît aussi, si on parle de mission d'Église, c'est que le prêtre et avant lui, l'évêque, y sont nécessairement présents et actifs. Non pas seulement comme ceux qui envoient les laïcs pour évangéliser, mais comme ceux qui annoncent l'Évangile avec eux[2].

---

1. Louis Lochet, « Vers une pastorale des professions de santé », *Présence*, 1968, n° 64.
2. Louis Lochet, « Situation du prêtre dans l'Église et dans le monde », *Christus*, octobre 1965, n° 48.

Retrouver le mystère du sacerdoce dans l'Église[1]

Parce que le père Lochet aimait l'Église, il honorait le sacerdoce, il aimait les prêtres. Il connaissait ses confrères de Reims. Une de ses paroissiennes raconte un souvenir. Il portait dans un petit porte-monnaie le nom de ses anciens élèves sur son cœur. «Je l'ai su quand je lui ai parlé de mon curé de village avec qui j'avais des difficultés. Il a regardé dans ce porte-monnaie, pour voir si son nom y était.»

Plusieurs de ses écrits replacent le sacerdoce dans la lumière du sacerdoce du Grand Prêtre, le Christ, afin d'aider tous ses confrères prêtres à en goûter la grandeur unique:

> La présence du prêtre même est un mystère.
>
> Sous le regard de la foi, sa situation dans le monde et dans l'Église s'illumine et laisse transparaître en lui le mystère même du Christ. En lui se révèle dans la structure visible de l'Église ce qu'elle est invisiblement.
>
> Ce qui est en réalité dans l'invisible, c'est l'histoire de la Rédemption, le salut collectif de l'humanité [...]. Non pas chacun expiant son propre péché et payant pour ses propres fautes, mais un seul, le Christ, portant les péchés du monde et les expiant par son sacrifice. Non pas chacun, recevant du Père et la grâce et la vie, mais un seul, le Christ, la recevant pour tous et la communiquant à tous. Tel est le mystère invisible dont l'accomplissement remplit l'histoire du monde.
>
> Non seulement le prêtre représente le Christ, mais il nous le donne. Non seulement le prêtre représente devant nous l'offrande et le sacrifice du Christ pour son peuple, mais il l'accomplit dans sa vie. Son sacerdoce n'est point seulement une liturgie qu'il célèbre par ses paroles, mais une consécration qui transforme sa vie.
>
> Nous n'avons jamais fini de mesurer combien le sacerdoce du Christ est exigeant.
>
> Le prêtre entre par toute sa vie dans l'offrande du Christ et dans son sacrifice. Quand il offre le sacrifice de Jésus pour

1. Vatican II, cf. Le ministère et la vie des prêtres (MVP 2).

le salut de tous, c'est lui-même qu'il offre réellement d'un seul geste avec le Christ, ou plutôt c'est le Christ qui s'offre en lui réellement, et qui achève, en lui, son sacrifice. Ils ne font qu'un seul prêtre, offert au Père et donné à tous. Cette consécration est une réalité intense qui pénètre et transforme toute sa vie.

Cela doit transparaître au niveau même des situations et des actes. Son sacerdoce porte en lui-même une exigence totale de détachement. En un sens vrai, il n'appartient plus à ce monde. Il est mort avec Jésus-Christ parce qu'il s'est offert avec lui. Cela n'est pas un mot seulement, ni un pas à franchir au jour de son sous-diaconat, c'est toute sa vie.

Parce qu'il n'est pas consacré à la construction de la cité temporelle, il lui apporte ce lien invisible avec le Royaume des Cieux sans lequel tout ce qu'on bâtit sur terre n'est que mensonge et que ruine. Parce qu'il est mort, il apporte la vie.

C'est en cela qu'il insère dans le monde l'impulsion de la vie du Christ et lui imprime le rythme de son mystère pascal. Il est jeté en ce monde sans en être, comme l'attente mystérieuse d'un monde nouveau et le germe de sa résurrection. Il est le témoin de Pâques, la présence efficace du Mystère du Christ[1].

Le père Lochet recevait beaucoup de prêtres. Il confessait. Il connaissait les difficultés actuelles auxquelles était confrontée l'Église, les interrogations, les doutes mêmes qui se posaient à elle, que se posaient ses confrères prêtres.

Sans rien éluder, ni questions, ni exigences, il replaçait tout dans la foi en la victoire et la fécondité de la Croix, source d'espérance.

Certes, il faut une recherche, des progrès, mais le progrès dans la recherche des formes de vie apostolique et des méthodes d'action s'inscrit dans une espérance qui est fondamentalement notre espérance dans le Christ. C'est en Lui que nous sommes assurés de la victoire et c'est dans cette assurance

1. Louis Lochet, « Le prêtre, présence du Christ », *Jesus Caritas*, avril 1967, n° 146.

> que nous travaillons ensemble à évangéliser, c'est-à-dire à porter au monde le salut dont nous sommes porteurs, parce que le Christ nous l'a acquis. Cette confiance totale dans un salut qui est en action, en nous et dans le monde, est le climat joyeux de notre unité de vie et d'action sacerdotales. Telle est notre foi, victorieuse du monde[1].

Oui, le père Lochet « soutenait les prêtres »[2]. Le père Marniquet l'exprime avec reconnaissance : « Il a beaucoup soutenu mes premiers pas dans l'exercice du ministère sacerdotal. Ce furent des années exaltantes[3]. »

Dialoguer et éclairer[4]

Sur toutes les questions brûlantes d'actualité, il apportait un éclairage, situant humblement la réflexion dans un dialogue qui se veut recherche et dans un devenir.

La question de « l'autorité et de l'obéissance dans l'Église, d'après le Concile[5] »

À partir de la question des rapports d'autorité et d'obéissance dans le clergé, le père Lochet élargit la réflexion pour arriver au type de relations nouvelles, qui permettent à l'Église entière de vivre dans un climat qui en fera une communion dans l'amitié. Selon lui, ce lien entre les relations hiérarchiques d'autorité ou d'obéissance et l'Esprit qui les anime pour en faire une communauté en mission, est essentiel au renouvellement de l'Église.

---

1. Louis Lochet, « Tensions actuelles et recherche de l'unité entre les prêtres », *Cahiers du clergé rural*, février 1965.
2. Madame Aline Quartier, déjà citée.
3. Père Philippe Marniquet, prêtre du diocèse de Reims.
4. Vatican II, cf. « L'Église dans le monde de ce temps », *Gaudium et spes* (GS 3).
5. Louis Lochet, Colloque Saint Ephrem, Paris, mai 1966.

Une fois de plus, c'est la lumière du Christ qui, seule, peut éclairer nos questions les plus actuelles. Le style de rapports que le Christ inaugure par l'Église, dans l'humanité nouvelle, ce n'est plus celui de la soumission de la créature au créateur, c'est celui de l'intimité suprême des personnes dans l'amour, c'est la communication de la vie de Dieu, de la vie du Père et du Fils dans l'Esprit [...].

Ce dialogue nécessaire de l'Église avec le monde ne peut s'accomplir que dans un dialogue, à l'intérieur de l'Église [...]. Cela suppose un climat de recherche commune, dans la fidélité aux intentions de Dieu et aux exigences de la vie. C'est ce climat qu'il faut créer aujourd'hui dans l'Église, pour que les structures nouvelles jouent effectivement leur rôle.

Si on veut dialoguer, il faut admettre comme principe de base que tout ne se fait pas par en haut, que l'Église se construit aussi à la base par adaptation et initiatives. Dans une Église en mission, le principe même de la recherche et de l'initiative est admis et passe en loi de vie, puisque l'adaptation au mouvement doit être constante. La constance de la vie, c'est le mouvement.

Car l'évêque ne peut décider ce qui convient aujourd'hui à la mission, sans l'apport de son presbytérium uni aux laïcs, et les prêtres ne peuvent faire l'unité de leurs recherches et de leurs efforts que dans la décision prise par l'évêque, au nom du Seigneur, et cette unité est essentielle à la mission [...]. L'ordre de mission fait l'unité de l'Église ; vécu chaque jour, au niveau de la paroisse ou d'un diocèse, il instaure entre prêtres et évêque, avec les laïcs, une amitié profonde et féconde, humaine et divine, chrétienne et apostolique.

Si on ne veut pas que cela reste des mots, il faut que la réalité du travail en commun et de l'obéissance vécue se noue au niveau des communautés de base : paroisses, institutions, mouvements [...]. C'est là qu'il faudra inaugurer ces rapports à la fois fraternels et hiérarchiques, qu'il faudra chercher, au jour le jour, en communion profonde avec l'évêque et au contact de la vie et des réalités quotidiennes. C'est à ce niveau que doivent s'inaugurer, dans le travail apostolique avec des laïcs, les initiatives et les recherches appelées par le Concile ; sans cela, le presbytérium, dans sa structure diocésaine, risquerait de tourner à vide ou de dépérir, faute de racine.

L'unité de l'Église

Les tensions sont normales. La véritable unité de l'Église n'est pas en deçà des tensions, dans le calme plat, l'unanimité amorphe, [...] au contraire elle est germe de vie et d'espérance.

Qu'est-ce qu'une « optique pastorale commune » ? Il faut admettre qu'une pastorale commune ne signifie pas que chacun perçoive les mêmes valeurs, mais que chacun s'ouvre aux valeurs de tous.

Elle est essentiellement celle qui s'élabore par la convergence des diverses valeurs, perçues par chacun, dans un dépassement consenti par tous [...]. Ce n'est pas un parti qui triomphe. Nul ne peut dire : « j'ai raison contre les autres », mais plutôt : « nous avons consenti à n'avoir pas raison contre le dessein de Dieu qui nous dépasse ».

Il faut bien admettre que ce dépassement de nos tensions dans l'unité est une grâce, presque un miracle, une œuvre admirable de l'Esprit saint. Peut-être faudrait-il la demander plus fort. Ce n'est pas seulement un effort des hommes, mais un don de Dieu.

L'unité de l'Église est l'unité des divers et même des plus divers. C'est cela qui lui est propre : une unité qui respecte toutes les différences, une unité qui n'est que celle de l'amour. J'allais dire, c'est vrai, une unité qui respecte les tensions. Elle est au-delà et au-dedans des tensions. L'unité de l'Église apparaît en ce qu'elle est sans cesse victorieuse de ces tensions. L'Amour en elle et la Vérité sont plus forts que toutes les divisions humaines, parce qu'ils sont de Dieu. L'unité de l'Église, c'est – pour finir – l'unité de Dieu[1].

À propos de l'encyclique Humanae Vitae[2]

Cette encyclique a suscité beaucoup de réactions car elle concernait chaque individu, chaque foyer, chaque peuple.

1. Louis Lochet, « Tensions actuelles et recherche de l'unité entre les prêtres », art. cit., p. 79-85.
2. Encyclique de Paul VI, sur la régulation des naissances, 1968.

Alors, dit Mgr Maury[1], « nous avons demandé à un théologien bien connu et aimé chez nous, Monsieur le Chanoine Lochet, une étude que nous sommes heureux de présenter à votre réflexion »[2].

À la question, « comment concilier la doctrine si ferme de l'Église et les réalités difficiles de la vie des époux ? », le père Lochet répond :

> L'Église retarde ? Non : l'Église veut empêcher l'humanité de reculer en s'engageant dans une fausse direction.
>
> Au contraire, l'Église avance : pour l'Église, aujourd'hui, l'idéal n'est plus une fécondité incontrôlée mais une fécondité volontaire, qui assume avec générosité les exigences, les risques et les joies de la transmission de la vie. Cette décision est un acte d'amour qui fait grandir les époux dans leur vocation humaine.
>
> Par ailleurs, le mariage n'a plus comme but unique les enfants. À travers tous ses actes qui sont expression de respect, de don, d'amour, la vie à deux est essentiellement une vie sanctifiante. Aimer, c'est déjà être Dieu, car « Dieu est amour. » Non seulement l'Église avance, mais l'Église veut nous faire avancer. Elle veut que l'individu grandisse dans la recherche et l'expression d'un amour plus vrai, plus profond, plus humain. Elle veut que la science s'oriente vers d'autres moyens qui libèrent l'homme, sans risque d'avilissement, mais pour le faire grandir. Elle veut que les nations découvrent les moyens de nourrir tous les hommes, sans pour autant limiter leur droit imprescriptible à la paternité.
>
> Certainement un jour, bientôt peut-être, tous les hommes, et pas seulement les chrétiens, reconnaîtront que le pape « retardataire » aura fait faire un grand pas à l'humanité.
>
> Alors, nous sommes tous condamnés ?
>
> Bien sûr que non. Il y a des foyers qui sont en marche, plus ou moins facilement, vers cet idéal. Il y a des foyers qui seront toujours douloureusement sur la brèche. Ils ont accepté

1. Mgr Jean-Marie Maury, nouvellement nommé archevêque de Reims, en 1968.
2. Article paru dans la revue diocésaine *Église de Reims*, n° 29, 1968.

> de vivre, en foyer, le Christ en croix. Il y a des personnes qui, à cause de leur condition, n'y arriveront jamais.
>
> Tout le monde n'atteint pas cet idéal. Mais s'il est chrétien, tout homme doit finir par accepter cet idéal, le vouloir, le rechercher. C'est Dieu, un jour, qui nous sauvera. Pour personne, l'Encyclique ne veut être une condamnation, ni cause de découragement, mais au contraire d'espoir, parce que le Christ a dit : « Je ne suis pas venu pour juger, mais pour sauver. »
>
> Dieu nous aime. C'est lui qui sauve. Il finira par nous donner ce qu'il attend de nous[1].

> Parce qu'il s'agit de vie, il s'agit de croissance et de progrès [...]. Le dessein de Dieu sur l'homme, qu'il éclaire par ses lois, doit être vécu humainement pour répondre à l'intention même de Dieu et aux appels les plus profonds de la loi elle-même, c'est-à-dire qu'il doit rejoindre l'homme dans le concret de sa vie et dans le progrès de sa liberté. Nous le savons dans la foi : c'est un Père qui appelle ses enfants à la générosité de l'amour, et non un juge qui applique un règlement [...]. La visée de la loi [...] dans le respect des normes objectives, est de faire aimer les valeurs humaines, les réalités spirituelles qu'elle vise à mettre en place et, pour finir, celui qui en est l'Auteur et la Fin et dont le Nom est Père. Alors, on entre dans le monde nouveau[2].

L'éducation de la conscience, l'éducation de la liberté, le père Lochet avait déjà développé ces dimensions de la vie de l'homme dans son livre fort apprécié : *L'Évangile de la liberté*[3], écrit avant même cette encyclique.

1. Louis Lochet, « Réflexions sur l'encyclique *Humanae Vitae* », *Église de Reims,* n° 29, 1968.
2. Louis Lochet, « Comment lire aujourd'hui l'encyclique *Humanae Vitae* ? », *Église de Reims*, n° 35, septembre 1968.
3. Louis Lochet, *L'Évangile de la liberté*, Cerf, 1968.

La liturgie, sommet et source de la vie de l'Église[1]

La liturgie, l'Eucharistie, ont toujours été au centre de la vie du père Lochet. Combien a dû être grande sa joie, lorsqu'il a lu dans les textes du Concile cette vérité proclamée ! Devenu directeur du Centre de pastorale liturgique en 1963, il y fait entrer le souffle de l'Esprit conciliaire : fidélité à la Tradition et adaptation.

> L'essentiel n'est pas de se demander ce qu'il faut faire, mais ce qu'il faut être pour que la liturgie se renouvelle en nous et par nous. Il n'y aura renouveau dans l'Église, chez nous, que s'il y a conversion. Mais laquelle ?

Rendre la Parole de Dieu plus proche n'est pas la profaner

> Une célébration est un mystère. Elle nous fait entrer dans le rayonnement de la Présence de Dieu. Proclamer la Parole, c'est un acte qui nous relie au Christ prêtre.
>
> La beauté du livre utilisé et de l'ambon ou du pupitre sur lequel on l'intronisera, la dignité de la procession du Livre avant la lecture de l'Évangile, la qualité de la proclamation, la fidélité au texte : autant de détails qui sont porteurs du sens du mystère de Dieu en action et éveillent la foi de la communauté.

C'est toute l'assemblée qui célèbre

> Une des lignes profondes de la recherche actuelle est de mettre l'assemblée tout entière dans la plénitude de la célébration liturgique. Ce n'est pas le prêtre qui célèbre sa messe devant une assemblée qui assiste à la messe. Ce doit être enfin l'assemblée entière, réunie autour de l'autel, le peuple de Dieu, peuple sacerdotal, qui célèbre ensemble son mystère en Jésus-Christ.

---

1. Vatican II, cf. *La Sainte Liturgie* (SL 14).

Il faut garder et promouvoir la part active du diacre, s'il y en a un, des lecteurs, des clercs, des commentateurs et de tout le peuple. Le rôle du prêtre célébrant va ici profondément se modifier. Il faut y être attentif, car nous sommes peu préparés.

Célébrer est un acte pastoral. C'est le peuple entier qui célèbre, il faut que cela se voie et que cela s'entende. Le but de tout le déploiement liturgique, de la diversité même des fonctions, est l'assemblée unanime, célébrant son mystère autour du prêtre, image du Christ, chef invisible de l'Église.

Tout le mystère dans la vie

L'essentiel du renouveau liturgique est dans le lien entre la vie et la célébration. Si ce qui est vécu par l'assemblée ne passe pas dans la célébration, si ce qui est célébré dans la liturgie ne passe pas dans la vie, nous aurons manqué l'essentiel [...]. On peut arriver, ici ou là, à une sorte de célébration, organisée pour elle-même, où tout se déroule bien, où l'homélie est fort soignée, mais où, pas un instant, la vie n'est atteinte en sa réalité profonde. L'assemblée ne se sent pas concernée. Cela se passe devant elle. Trop facilement les gens se contenteraient de « belles cérémonies ». « C'était bien. On a bien chanté. Il a bien parlé. » Mais la vie est-elle atteinte ? La vie a-t-elle rencontré le Mystère ?

C'est le rôle primordial du pasteur d'être le lien vivant entre le Mystère et la vie [...]. Alors cela commencera à les intéresser. Cela concernera le monde dont ils sont [...].

Ce n'est que si nous rendons sa valeur et sa signification profonde à la liturgie d'entrée, rassemblement d'un peuple avec toute sa vie, que nous retrouverons la structure profonde de la liturgie de la messe et, pour finir, de toute liturgie. Il faut faire entrer la vie. Il faut réunir une assemblée. Il faut un peuple. C'est un long travail, depuis longtemps commencé. La messe se prépare à travers toute la présence au monde, à travers tous les engagements des chrétiens dans le monde, à travers tout le travail d'évangélisation.

L'Ange du sourire

Cathédrale de Reims

Louis, son père
et ses deux frères

Louis,
sur les genoux de sa mère

Louis, Jean et Remi

© Photografia Pontifica

Sanatorium de Thorenc

Chapelle du sanatorium

Au sana : été, cueillette
des narcisses ;
hiver, jeu de boules de neige

Reims,
église de Saint-Louis

La Bourboule
L'abbé Lochet, sa mère et son oncle

Paroisse de Cormicy
L'abbé Lochet au milieu des jeunes

Communauté en 1975

En 1982

En 1986,
après le départ du père Lochet,
avec le père Bernard Kabutura
et le père Jean Ntagwarara

Vie
communautaire

Le père Lochet à son bureau

La bière de l'amitié à la fin d'une retraite

1981
Engagement du père Lochet
dans l'Œuvre des Foyers de Charité
en présence de Mgr Makarakiza,
Mgr Ruhuna et du père Finet,
ainsi que des deux premières
vocations du pays

La maison de Marthe Robin

Notre-Dame du Foyer

1986, le père Lochet
avec le père Finet
et Mgr Josef Cordes

1986, le père Lochet avec
le père Finet et Mgr Marchand

Photos trouvées dans les dossiers personnels du père Lochet qui traduisent son amour pour les petits

Légende au verso de la photo :
« Mademoiselle Moore
décédée fin juillet 1981,
amie et protectrice
du Foyer de Charité »

Cimetière de Roquefort-les-Pins (06)
où repose le père Lochet

Tombe du père Lochet

La croix de la chapelle du premier
Foyer de Charité au Burundi

Manuscrit trouvé
dans un de ses livres

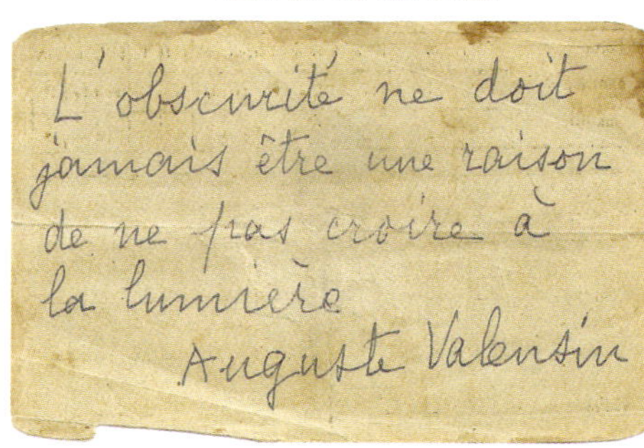

L'obscurité ne doit
jamais être une raison
de ne pas croire à
la lumière
Auguste Valensin

Et toute la vie dans le Christ

> Tout converge vers l'Eucharistie dans la vie des chrétiens, parce que tout converge vers le Christ dans la vie du monde [...]. Si la vie du monde est entrée avec des chrétiens dans l'Église, pour y célébrer son mystère, ils sortiront éclairés et fortifiés pour annoncer au monde et lui porter celui qui est son Sauveur. La liturgie doit s'inscrire comme un temps fort de la mission, ou elle périt comme un arbre sans racine[1].

Renouvellement du sacrement de pénitence

Un jour, un groupe de laïcs partage au père Lochet sa découverte profonde sur ce sacrement : « Le mouvement de la pénitence, ne consiste pas d'abord à se regarder soi, mais à regarder le Père : voilà le retournement de perspective le plus fondamental, qui nous a aidés à faire une nouvelle lecture de la parabole de saint Luc, centrée non sur l'enfant prodigue, mais sur le Père. » À la suite de cette profonde remarque le père Lochet poursuit :

> Le principal n'est pas seulement d'avoir reçu le pardon, mais d'avoir rencontré Celui qui pardonne. Ayant rencontré le Christ pour nous unir à lui, dans sa mort et sa résurrection, il nous entraîne vers le Père, le Père des miséricordes, le Dieu de toute consolation.
>
> La célébration de la Pénitence doit s'achever en chants de joie et d'action de grâce, en louange à Dieu, pour son dessein d'amour qui nous sauve et sauve le monde en Jésus-Christ. Le retour de l'enfant prodigue s'achève en festin et il nous faudra bien inventer un jour les signes qui manifestent la joie de la communauté pardonnée, renouvelée dans la joie de l'amitié

1. Louis Lochet, « Le renouveau de la liturgie dans le renouveau de l'Église », *L'Union*, mars 1965.

fraternelle, et dans la connaissance de l'inépuisable miséricorde du Père, qui nous a été communiquée en Jésus-Christ[1].

Attention à toutes les réalités de « la famille humaine[2] »

Pour pouvoir découvrir Dieu à l'œuvre dans les multiples détails du quotidien de la vie des hommes ; le découvrir pour le révéler, le célébrer et s'engager davantage.

L'attention à la vie[3]

La pédagogie du Seigneur : c'est d'abord de rejoindre les hommes dans leur vie. L'Incarnation pour lui n'a pas été une notion abstraite, mais l'entrée réelle dans l'humanité. Il a vécu et il a vécu avec. C'est une présence d'une qualité extraordinaire, qui entraîne une qualité extraordinaire d'attention aux personnes. Il les regarde, il les aime, il les comprend. Il regarde l'humanité avec amour, parce qu'il en est, par amour [...].

La scène des disciples d'Emmaüs est caractéristique. En ce soir de Pâques, le Christ commence par faire du chemin avec deux désespérés [...]. La résurrection est un fait acquis, mais il faut qu'elle entre doucement dans leur vie réelle. Le Christ entre dans la préoccupation de ces hommes, il accommode leur regard pour qu'ils puissent accueillir le mystère. Les ayant écoutés, il leur adresse la Parole de Dieu qui éclaire l'événement [...]. Il les aide à le reconnaître, non devant eux, mais avec eux, dans ce qu'ils vivent avec lui.

Sympathie attentive aux valeurs, au mystère de chacun

L'attention à la vie n'est pas un regard porté d'abord sur ce qui manque [...]. Notre regard doit découvrir les valeurs

1. Louis Lochet, « Dégradation et renouvellement du sacrement de pénitence », *La Foi et le Temps*, novembre-décembre 1968.
2. Vatican II, « L'Église, la communauté humaine », *Gaudium et spes* (GS 23 et suivants).
3. Louis Lochet, « L'attention à la vie », *Éducatrices paroissiales*, mars 1965.

qui y sont. Le Christ a su les découvrir en la Samaritaine et les promouvoir. Trop souvent, notre regard n'est pas évangélique, il classe les gens dans des catégories. Par exemple : « C'est une divorcée... », alors qu'elle est d'abord une femme, une créature de Dieu : elle est baptisée, elle s'est mariée, elle a eu un enfant, elle a souffert, son amour a été déchiré. C'est tout cela qu'il faut voir en elle.

Il y a dans toute vie un appel au Salut [...]. Dieu aime le pécheur, parce qu'il découvre en lui autre chose que son péché et le voit déjà capable d'autre chose que du mal, capable de redevenir fils dans le Christ.

C'est dans un tel regard que l'attention à la vie de l'autre pourra déboucher dans l'annonce de la Parole de Dieu.

Attention communautaire

Une attention de l'Église, une attention qui s'exerce ensemble, prêtres, laïcs, communautés religieuses. Plus nous avançons dans les réalités d'Église, plus nous découvrons qu'aucune tâche d'Église ne peut être menée individuellement [...]. Il faut qu'ils découvrent une communauté d'Église qui les regarde d'une certaine manière, qui les aime et les aide collectivement à découvrir Dieu créateur et sauveur dans leur vie, dans le monde.

Le secret de la paix : l'acte le plus infime du chrétien en faveur de la paix, sur son palier, dans sa maison, dans sa rue, quand il rejoint le don du Christ, scelle la paix du monde[1].

Attention à la spiritualité conjugale dans la vie de l'Église[2]

Cette évangélisation progressive de la vie du couple, de son amour, de ses relations, de sa fécondité, de son rayonnement, de son action éducatrice, ne fait qu'un avec l'élan d'évangélisation de toutes les réalités de vie qui traversent actuellement l'Église.

1. Louis Lochet, *Pédagogie de la paix,* Éd. Ouvrières, 1964.
2. Vatican II, cf. « Dignité du mariage et de la famille », *Gaudium et spes* (GS 47 et suivants).

Cette phase de la vie de l'Église, qui est évangélisation de toute la vie conjugale, familiale et sociale, correspond à une phase de l'histoire du monde qui est achèvement de l'unité humaine et découverte de ses biens [...]. Je ne connais pas d'expérience plus convaincante, pour faire saisir la réalité des vérités de foi, que la rencontre amicale d'un foyer vraiment chrétien, où la grâce de Dieu et la vie du Christ semblent incarnées dans les gestes les plus simples de la vie humaine. Dieu parle à ce monde un langage qu'il comprend, quand c'est l'amour humain qui parle de Lui [...].

Si belles que soient les réalisations de foyers chrétiens que nous avons connus, ils n'en ont point épuisé la grâce! Cette grâce est pour ainsi dire instantanée; neuve comme Dieu même.

Et il faut bien le reconnaître: les aspects positifs de ces merveilles que Dieu fait dans les liens d'un mariage pleinement vécu dans la grâce sont loin d'avoir été mis en valeur par la théologie [...].

C'est qu'en effet, pour découvrir en plénitude le dessein de Dieu sur sa créature rachetée, sur l'amour humain transformé par la grâce, c'est tout son plan d'amour qu'il faut faire resplendir en elle [...]. On ne peut saisir la morale conjugale, telle qu'elle est dans le dessein de Dieu, sans la saisir au cœur de cette réalité sacrée qu'est le sacrement du mariage lui-même, que dans cet élan total qui porte Dieu en Jésus-Christ au-devant de sa créature pour se l'unir, par l'Église et l'Eucharistie, en un seul corps mystique [...]. La Création, la Rédemption, l'Incarnation, la grâce, les fins dernières, la Vie trinitaire enfin, sont au cœur même du mariage humain. Les en séparer, c'est lui enlever son cœur.

On peut chercher tous les procédés possibles pour aider des foyers à affronter leurs problèmes, si on ne les branche pas sur la vie divine à insérer dans leur propre rencontre, sur la vie divine qui n'est pas seulement un modèle, mais une énergie pour accomplir en Jésus-Christ les dépassements nécessaires et entrer par la croix dans sa gloire, on leur montre sans cesse le chemin, sans leur donner la force d'y marcher.

Ainsi, on ne peut à aucun prix et d'aucune manière établir pour les chrétiens une morale et une spiritualité du bonheur au sens purement terrestre et charnel de ce mot. La spiritualité chrétienne ne peut être qu'une spiritualité du bonheur, mais du bonheur qui passe par la rédemption de la Croix[1].

Attention au sens et à la valeur de l'activité humaine[2]

L'Église ne veut pas créer un monde d'Église à part de l'autre, elle veut une Église missionnaire, c'est-à-dire présente à toutes les réalités du monde pour les transformer. C'est cela sa mission. Application de cette intuition aux groupements chrétiens des professions de santé ; esquisse d'une pastorale des professions de santé :

Déboucher dans le concret

> Il ne suffit pas de penser chrétien pour être chrétien. Il faut vivre en chrétien, il faut une action. Il ne suffit pas de bons principes, ni même d'une alimentation spirituelle pour que la vie traduise ensuite ces principes dans la réalité [...]. Il faut s'unir, pour agir ensemble [...] tout à la fois dans l'affirmation d'un idéal et dans le long et dur travail pour le réaliser.
>
> Quand les hommes verront devant eux non pas seulement des individus, mais des groupes qui s'efforcent de mettre en action la foi du Christ – des médecins qui agissent ensemble, de telle manière que, s'ils n'avaient pas la foi, leur action ne s'expliquerait pas –, ceci, même devant des incroyants, porte témoignage. Ceci attire au Christ, ceci est une lumière. C'est la seule manière, pour beaucoup de gens de notre temps, de découvrir le Christ et l'Église, [...] des communautés chrétiennes qui réalisent l'Évangile devant eux, chacune à sa manière.

1. Louis Lochet, « Le passé prépare l'avenir », art. cit.
2. Vatican II, cf. « L'activité humaine dans l'univers », *Gaudium et spes* (GS 33 et suivants).

Exigences et conditions d'un renouvellement d'une pastorale de la santé

Sur le plan des institutions, une représentation chrétienne de nos professions est nécessaire au plan national et au plan international. Il faut que nous puissions présenter, officiellement, la pensée chrétienne, représenter le monde chrétien [...]. À partir d'une action menée patiemment, on rejoindra des nécessités doctrinales, on posera des questions qui intéresseront davantage, parce qu'elles répondront davantage à un appel.

Coordination d'ensemble

Nous devons chercher à travailler non pas isolément, mais en connexion avec les autres mouvements, pour que l'homme tout entier, et finalement le monde tout entier, soient évangélisés.

Il faut également un lien, une coordination entre toutes les activités des professions sanitaires [...]. Que ces gens-là se retrouvent entre eux pour mettre au point leur action, l'éclairer par l'Évangile, la coordonner et par là même, la rendre plus efficace. C'est cela qui pourrait constituer ce qu'on appellerait une « paroisse sanitaire », c'est-à-dire une rencontre un peu analogue à la « paroisse universitaire », une rencontre de tous les chrétiens s'occupant des questions de santé, en vue d'offrir leur action au Seigneur et de la vivre ensemble en chrétiens. C'est cela qui aboutirait à un élargissement à tous ceux qui s'occupent de la santé de l'homme, afin d'y faire pénétrer l'esprit chrétien[1].

Attention au sens de la vieillesse

La vieillesse, c'est la perte progressive des limites terrestres pour entrer dans l'immensité de l'amour, qui est Dieu [...].

---

1. Louis Lochet, « Vers une pastorale des professions de santé », art. cit.

Comme la Passion du Christ, la vieillesse est humiliante et souvent échec apparent de la vie. Il y a des souffrances glorieuses qu'on porte dans la fierté, mais les infirmités de la vieillesse ont toujours quelque chose d'humiliant, qui établit dans le détachement progressif de l'estime et de l'admiration qu'attire l'action [...] pour nous mettre enfin purement dans la main de Dieu : nous rendre libres de tout, vides de tout, pour le rencontrer Lui-même [...].

Dans le mystère de l'Église, le vieillard est suprêmement actif : il y devient, aux côtés du malade, du contemplatif, du solitaire, le témoin des dimensions mystérieuses de l'action de l'homme transformé dans le Christ.

Le vieillard ne vit pas sa vieillesse en solitaire, comme une aventure qui l'entraîne hors de ce monde vers d'autres rives. Il vit sa vieillesse et l'offre dans l'Église. Sa vieillesse et sa faiblesse même, unies au sacrifice, soutiennent les premières démarches de l'enfant, l'éveil de la foi du petit, les luttes et combats de l'adolescent, le travail et les engagements de l'adulte. Il est lié, par le poids de son offrande et le lien de son amour, à tout ce qui se fait de bien dans l'Église. Il est engagé par sa passion dans toute l'Église en marche, jusqu'aux confins les plus lointains des missions. Il fait partie de tout, jusqu'au dernier instant, dans le Corps mystique du Christ vivant[1].

Attention aux moyens de communication sociale

Quel langage pour toucher l'homme d'aujourd'hui ? Comment l'atteindre dans ce qui fait sa vie ? Question permanente chez le père Lochet. Rejoindre l'homme... Mais comment ? Il essaie d'apporter sa contribution.

Un moyen extraordinaire de porter la Bonne Nouvelle du Salut nous est offert, celui des communications nouvelles de la radio, de la télé, du cinéma. Saurons-nous nous en servir pour l'évangélisation de ce nouveau monde ? C'est là une des questions majeures de notre temps.

---

1. Louis Lochet, « Sens de la vieillesse », *Cahiers Laënnec*, décembre 1964.

> L'homme « citoyen du monde ». Ce nouveau monde doit être évangélisé. Mais comment annoncer le salut en Jésus-Christ à tous les hommes en un langage qui les touche ?
>
> Le visage de l'Église qui doit être principalement présenté [...], c'est celui de l'Église, répandue dans toutes les réalités du monde pour y rendre présent l'amour de Dieu pour tous et y sauver l'humain. L'Église vécue dans la famille, dans l'amour conjugal, dans l'éducation des enfants, dans le travail, dans la vie de quartier, ou la vie des peuples, dans la recherche universelle d'un monde plus juste et plus fraternel. Il faut revenir ici à la consigne fondamentale que Son Éminence Mgr Villot donnait aux informateurs catholiques : « Montrez l'Église présente au travail et à la peine des hommes dans son œuvre de tous les jours. »
>
> Cette révélation de l'Église en action est la seule manière de la présenter qui soit attirante et, il faut le reconnaître, la plus difficile et sans doute la plus rare, même dans les émissions catholiques.
>
> Il faut que l'Église vivante apparaisse au monde comme faisant des merveilles au service des hommes, pour qu'ils y reconnaissent la présence du Christ[1].

Répondant aux nombreux appels du diocèse et de l'Église, les journées du père Lochet semblent bien remplies, sa vie bien dense. Il éprouve le besoin de se retirer, de se mettre à l'écart, de temps en temps, comme le Christ. À Noël 1967, il vient devant la crèche et dans le silence de Bethléem, il s'interroge tout en s'abandonnant encore :

> Qui suis-je, mon Dieu ? Je ne sais...
> Celui qui dès l'enfance a cherché ta volonté.
> Celui qui, jeune encore, s'est engagé pour tout donner.
> Celui qui voudrait partager la vie des plus pauvres
> pour leur annoncer ton amour...
> Ou

1. Louis Lochet, *Dynamique chrétienne de la communication moderne : essai de réflexion pastorale*, Mame, 1966.

Celui qui n'a jamais été jusqu'au réalisme du don.
Celui qui s'est servi de tout, pour réussir sa vie…
Celui qui, derrière la façade, a fait justement ce qu'il ne fallait pas.
Le théoricien de la charité… qui ne l'a jamais pratiquée…

Qui suis-je ? Je ne sais…
Qui que je sois, ô mon Dieu… je suis à Toi[1]…

À partir de 1966, la vie du père Lochet va connaître de nouveaux horizons. Il commence à répondre à des appels venant de l'Église, en dehors de l'Europe : en Afrique (RDC, Sénégal, Rwanda, Burundi) ; en Asie, à la demande des Missions étrangères de Paris (Vietnam, Cambodge, Thaïlande).

Son sens de la mission va donc pouvoir se déployer dans un nouvel élan. En 1972, il sera délégué à la Coopération missionnaire. Il disait toujours que ce service était le « poumon d'un diocèse ».

Il est aussi nommé aux Cordeliers[2] où il viendra loger : « maison diocésaine, lieu d'animation pastorale du diocèse : ce lieu est une instance très forte du diocèse, signe de l'importance pastorale que le père Lochet représentait », note Mgr Herbulot[3].

L'activité missionnaire de l'Église[4]

Face au phénomène de l'incroyance qui progresse, l'Église sent bien avec évidence l'urgence missionnaire d'une annonce renouvelée de la foi en Jésus-Christ, mais là encore, comment ?

1. *Carnet de route, op. cit.*
2. Rue Voltaire à Reims.
3. Déjà cité.
4. Vatican II, cf. « L'activité missionnaire de l'Église », *Ad Gentes*.

L'Église ne se construit pas seulement par une sage administration de ce qui existe, mais par une inquiétude, une recherche de ce qui n'existe pas encore [...].

Il faut, disait l'un d'entre nous, « libérer l'imagination pastorale ». Il ne faudrait pas que tous les prêtres se trouvent dans des structures qu'il n'y a plus qu'à conserver, mais se sentent « partie prenante », avec les laïcs, d'une Église en pleine recherche des innovations nécessaires à sa mission sous l'action de l'Esprit [...].

Si l'Église n'accepte plus de courir le risque de la mission, le risque d'annoncer l'Évangile à tous, de se renouveler par des communautés neuves, dans des situations et des expressions nouvelles, elle ne fait plus que maintenir son passé, et ce passé forcément va en se rétrécissant, sous la poussée d'un monde qui se renouvelle sans cesse : ce serait pour elle infidélité à son propre mystère. Car, pour finir, nous mettrions alors notre confiance, plus dans un certain acquis, dans la solidité et la continuité de nos institutions ecclésiastiques, que dans la puissance du Christ ressuscité. Il est essentiel à la vie de l'Église d'avoir assez de foi pour s'exposer au risque de la mission [...]. C'est en s'ouvrant à la nouveauté des renaissances missionnaires qu'elle purifie en elle l'actualité de sa fidélité au Christ et à son Esprit[1].

À la fin de Vatican II, tous les Pères ont affirmé solennellement leur décision d'ouvrir l'Église aux questions des hommes.

Quatre ans après, qu'avons-nous fait de ces décisions ? Comment l'Église se définit-elle et s'engage-t-elle en face d'une société qui provoque misère, oppression ou désespoir ?

C'est seulement si elle sort ainsi d'elle-même, de ses propres problèmes, qu'elle trouvera la seule issue à ses propres questions. Le dynamisme qui la construit ne peut être que tourné vers les autres.

La question fondamentale est celle de l'expression de notre foi en Jésus-Christ dans le monde d'aujourd'hui. Question du langage de la foi. Cela va infiniment plus loin que les mots.

1. Louis Lochet, « Dimension missionnaire de la pastorale diocésaine », Colloque d'Ephrem, Paris, janvier 1968.

> Comment les communautés et les personnes peuvent-elles vivre leur foi en Jésus-Christ de telle sorte que ceux qui les rencontrent, les collectivités dont elles font partie, perçoivent en elle une lumière et une force qui répondent au plus profond de leurs aspirations, pour la transformation du monde présent comme pour la préparation de son avenir ? Cette question nous concerne tous, évêques, prêtres et laïcs, elle concerne toute notre vie.
>
> Ce monde n'a pas besoin seulement de docteurs, de liturges, mais de prophètes.
>
> L'Esprit du Christ dans l'Église est un Esprit prophétique.
>
> Le prophétisme est une contestation virulente et vécue du péché, parce qu'il atteint l'homme : il dénonce tout ce qui dégrade l'homme, c'est une défense de l'humain dans ceux qui l'incarnent à l'état pur, les pauvres, les opprimés, les petits. C'est le contraire d'un humanitarisme, qui réduit l'histoire au projet de l'homme : c'est une révélation qui l'ouvre au dessein de Dieu.
>
> Il n'y a de paroles possibles pour répondre à ces questions que des paroles incarnées dans des actes[1].

Parce que ses visions prophétiques n'étaient pas toujours comprises – certains le considéraient comme marchant à contre-courant –, le père Lochet a pu traverser parfois des heures difficiles. Pourtant, il savait demeurer paisible, de cette paix qui s'enracine dans « un ailleurs », ou plutôt dans « un dedans ». Aussi, la louange s'exprime-t-elle très souvent chez lui dans ses écrits ; à l'école du Magnificat de la Vierge Marie qu'il aimait tant.

Marie, mère de l'Église, mère des croyants[2]

> Alors, la contemplation de Dieu, présent dans les événements les plus déconcertants de la vie humaine, se transforme

1. Louis Lochet, « À propos des ministères, les vraies questions sont encore au-delà », *Cor Unum*, mai 1973.
2. « La Vierge Marie dans le mystère du Christ et de l'Église », *Lumen Gentium* (LG 52 et suivants).

en actions de grâces pour tous ses bienfaits qui remplissent l'histoire du monde et la nôtre : « Mon âme exalte le Seigneur, mon esprit exulte de joie en Dieu, mon Sauveur. »

Telle est la prière de Marie [...], mémoire spirituelle des événements les plus humbles [...] et alors reconnaissance, action de grâce, louange de tout son être, avec toute sa vie, dans toute l'histoire sainte du monde.

Que telle soit notre prière quotidienne : nourrie par les événements et par la Parole de Dieu. Écouter Dieu qui nous parle par des faits, qui se manifeste par les signes qu'il nous donne ; avec tout le peuple de Dieu, revoir sans cesse la vie, la nôtre, celle de l'Église, celle de tout le monde, pour la faire entrer, aujourd'hui même, dans l'histoire sainte des merveilles qu'il accomplit pour ceux qu'il aime et dans le mouvement qui rassemble tout en Jésus-Christ pour la gloire du Père. Alors pour finir, avec le Christ, avec Marie, avec toute l'Église, rendre grâces pour tout ce qu'il fait et à travers ce qu'il fait, découvrir et contempler sans fin ce qu'il est[1].

1. Louis Lochet, « La Vierge Marie au cœur de l'action apostolique », *Cahiers marials*, octobre 1960.

VI

Un homme d'Église au sein d'un Foyer de Charité[1]

« Le père Lochet, c'est l'Évangile, il ne nous trompera jamais. »

« Le père Lochet, homme d'Église, vous pouvez lui faire confiance. »

Telle fut, la réponse de Marthe Robin à mon interrogation, le 13 mars 1975, quelques mois après la fondation d'un Foyer au Burundi[2] : « Marthe, sommes-nous vraiment un Foyer de Charité ? »

Marthe Robin, Châteauneuf-de-Galaure

En effet, c'est ce lieu « perdu », au nord de la Drôme, que le Seigneur a regardé un jour, avec tendresse. C'est là qu'Il est venu visiter Marthe Robin, dans sa petite ferme de la Plaine[3]. C'est à elle qu'Il a révélé son dessein d'Amour pour le monde : fonder des Foyers de Charité, pour participer à la nouvelle

1. Les Foyers de Charité sont des communautés fondées par Marthe Robin et le père Finet. Le premier se situe à Châteauneuf-de-Galaure, dans la Drôme.
2. En Afrique centrale.
3. Lieu-dit de la Maison de Marthe, à Châteauneuf-de-Galaure, cf. cahier photos, planche VI.

évangélisation, à la formation chrétienne, par la prédication de retraites spirituelles, ouvertes à tous, croyants ou non.

C'est en août 1959 que, pour la première fois, le père Lochet est venu dans ce petit village, afin de suivre une retraite prêchée par le père Finet. « J'ai été frappé par la transparence d'une parole inspirée de saint Paul et saint Jean[1]. » À cette occasion, il a rencontré Marthe Robin : « Je suis allé voir Marthe. Mon désir était d'entrer dans un Institut proche des plus pauvres. Mon évêque s'y opposait. Fallait-il quitter le diocèse ? Marthe m'a dit : "Acceptez de rester." Cela a orienté ma vie[2]. » Depuis, le père Lochet a toujours eu une relation de proximité avec Marthe, éprouvant à son égard une très grande confiance[3].

En mission lointaine

Que s'est-il passé pour qu'il parte ensuite, en 1974 en Afrique, pour fonder un Foyer de Charité ?

En fait, le père Lochet avait déjà reçu un appel des évêques du Burundi et du Rwanda[4] en juin 1970 pour exercer « un ministère de retraites et sessions pastorales de prêtres et de religieuses dans le cadre de la formation des ouvriers apostoliques ».

Ainsi, le père Lochet devenait-il plus directement engagé dans l'activité missionnaire de l'Église dont il avait si souvent parlé, lors de la période conciliaire, comme une nécessité vitale.

1. Petite histoire du père Lochet par lui-même, lors de ses noces d'or sacerdotales à Châteauneuf-de-Galaure, le 6 mars 1988 (revue *Alouette*).
2. *Ibid.*
3. « Il m'a écrit souvent » : confidence de Marthe Robin à Claude Bailleul, Châteauneuf-de-Galaure.
4. Appel reçu favorablement par Mgr Maury, archevêque de Reims, *Bulletin du diocèse de Reims*, appelé désormais *Reims-Ardennes*, juin 1970.

Durant cette courte mission, de juin 1970 à septembre 1971, il a joué un rôle marquant dans l'Église du Burundi, selon Mgr Évariste Ngoyagoye :

> Il faisait partie d'une équipe pastorale mise en place par la Conférence épiscopale, dans le but de faire connaître le concile Vatican II au plus grand nombre possible de prêtres et de fidèles chrétiens. En compagnie de Mgr L'Heureux (futur évêque de Perpignan), le père Lochet nous parlait du Concile d'une manière claire, profonde, convaincue et convaincante. Il parlait avec sobriété, mais ses paroles étaient pleines de pertinence et de sagesse[1].

Alors rien d'étonnant à ce que, par la suite, le futur évêque Mgr Guy Herbulot ait pu ainsi s'exprimer :

> J'ai vécu dans la même maison que lui, à Reims. En 1972, j'étais là, présent, au 21 rue Voltaire, quand quatre évêques du Burundi sont venus le solliciter pour repartir au Burundi créer un Foyer de Charité. Pour eux, c'était la seule façon de sortir des conséquences de cette guerre meurtrière. On a dit la messe ensemble[2].

En effet, le Burundi venait de connaître une terrible guerre. La Conférence épiscopale de ce pays a senti le besoin d'avoir un lieu spirituel « pour se retrouver, enraciner la foi des chrétiens et regarder ensemble vers Dieu, chemin de pardon et de réconciliation[3] ».

Une messe d'envoi a lieu le dimanche 30 juin 1974 pour ce deuxième départ. Il aimera souvent rappeler la parole de son archevêque Mgr Maury : « Je ne vous donne pas la permission mais la mission de partir[4]. »

---

1. Mgr Évariste Ngoyagoye, février 2014, déjà cité.
2. Mgr Guy Herbulot, octobre 2012, déjà cité.
3. Mgr Joachim Ruhuna, ami du Foyer, alors archevêque de Gitega, Burundi.
4. Petite histoire du père Lochet par lui-même, lors de ses noces d'or sacerdotales à Châteauneuf-de-Galaure, le 6 mars 1988 (revue *Alouette*).

Entre l'appel et l'envoi, le père Lochet a commencé par rassembler des personnes. Il disait toujours : « un Foyer de Charité, ce n'est pas d'abord des murs, mais une communauté » ; « un Foyer, ce n'est pas un homme, c'est une communauté ».

Il fit ainsi appel au père Pierre Jansen[1] qu'il avait rencontré et apprécié lors de son premier séjour au Burundi, et à moi-même[2]. Puis, Claude Bailleul[3] rejoindra cette première équipe.

Fidèle à ses convictions, il nous convoqua, tous les trois, à un long week-end[4] pour se retrouver, pour commencer à tisser des liens fraternels, prier ensemble, faire connaissance, partager et déjà discerner des priorités. Bref, c'était un début de vie communautaire.

Avant de partir, il prit soin de demander pardon aux personnes qu'il pensait avoir pu blesser, un jour ou l'autre, par maladresse, au cours de son ministère à Reims.

Et il s'envola avec le père Pierre Jansen, le 16 juillet 1974, le jour même de son anniversaire, dans le rayonnement de Notre-Dame du Mont-Carmel.

Ils parvinrent à Mugera, à 1 780 m d'altitude, au centre du pays, où l'archevêque[5] les accueillit. Claude et moi-même arriverons le 5 septembre et très vite, une Burundaise, Concesssa[6], nous rejoindra : cadeau du ciel ! Il nous faudra, un an d'aménagements de la partie du bâtiment offerte par le séminaire, pour pouvoir prêcher la première retraite. Ce sera en juillet 1975, avec dix-sept retraitants à qui le père Lochet dispensera son

---

1. Prêtre belge, du diocèse de Tournai, Fidei Donum au Burundi de 1968 à 1973.
2. Monique Mazzoléni, missionnaire au Burundi, à Busiga, de 1971 à 1973, puis entrée au Foyer de Charité de Châteauneuf-de-Galaure, en septembre 1973.
3. À ce moment-là, au Foyer de Charité de Châteauneuf-de-Galaure, depuis 1971.
4. À l'abbaye des Bénédictines de Saint-Thierry, banlieue de Reims.
5. Mgr Makarakiza, archevêque de Gitega.
6. Concessa Ndacikiriwe, décédée martyre.

enseignement. Depuis, le Foyer de Charité de Mugera ne cessa d'être un lieu d'Église, de prière, de rencontres fraternelles, de réconciliation, de formation et de ressourcement. Nous en sommes témoins.

Notre communauté, devenue internationale, semble attirer puisque progressivement elle s'agrandit avec Jeannette[1], venant elle aussi de Châteauneuf-de-Galaure, puis avec toutes les autres provenant du pays même : Anne-Marie, Candide, Lydwine, Domitille, Marie-Rose, Liliane, etc.[2]

Vivre l'esprit du Concile pour le faire vivre

Bâtir ensemble la Communauté

Ce fut le premier et constant souci du père Lochet, une nécessité incontournable pour lui.

Il aimait dire, au cours de ses retraites : « Annoncer l'Évangile avec les moyens de l'Évangile… et le principal moyen que nous présente l'Évangile, c'est la communauté rassemblée par le Christ. »

« À quoi cela sert-il de gagner l'univers, si on vient à perdre l'âme de sa communauté[3] ? »

« La communauté, principe d'apostolat[4]. »

Deux mois après son arrivée, il semble heureux d'écrire à Reims : « Nous commençons une vie de communauté, simple et fraternelle[5]. » Quelques mois plus tard, il complète : « L'essentiel est déjà là : une petite communauté de prière et d'accueil

1. Jeannette Briffaud, Foyer de Châteauneuf-de-Galaure.
2. Cf. cahier photos, planches IV et V.
3. Lettre qu'il m'a adressée, le 11 mars 1976, alors que j'étais partie prendre quelques jours de repos.
4. Titre qu'il a m'a proposé pour un travail de fins d'études, à l'École de la Foi, à Fribourg, Suisse, en 1987.
5. *Bulletin Reims-Ardennes*, septembre 1974.

au service de tous ceux qui cherchent, ici, à renouveler la vie dans la lumière du Christ[1]. »

Le témoignage du père Michel Jeanroy[2] trace en quelques lignes, ce qu'il a, lui-même perçu, lors de sa visite au Burundi : « Il vivait comme un grand frère. Pas besoin de se forcer. Ne faisait pas semblant. C'était sa nature. Il participait aux prières de la communauté. Tout le monde pouvait s'exprimer, naturellement, sans crainte. »

Oui, le père Lochet aimait vivre au Foyer au milieu de nous tous.

> Je me souviens, écrit Évelyne, le 6 novembre 2012, il était au centre de la table, écoutait chacune et chacun s'exprimer, semblait veiller à ce que chacun soit bien inclus dans le cercle de ceux qui parlaient, aimant et respectueux de chaque personne[3].

Après chaque repas, il venait essuyer la vaisselle, belle occasion pour parler et souvent rire, ce qui étonnait beaucoup de retraitants, frères ou prêtres africains : « Un chanoine qui fait la vaisselle ! »

> La première fois que j'ai rencontré le père Lochet, nous étions côte à côte, les mains plongées dans de l'eau savonneuse, en train de laver des assiettes, après le repas que notre groupe venait de prendre au Foyer de Charité de Mugera. C'était en 1980, j'avais 15 ans et je souriais à la plaisanterie qu'il venait de faire[4].

Chaque soir, il tenait à ce qu'on se retrouve, simplement, pour parler un peu, échanger éventuellement des nouvelles reçues, et terminer ensemble la journée par un dernier regard

1. *Bulletin Reims-Ardennes*, janvier 1975.
2. Vicaire général du diocèse de Reims, à cette époque.
3. Famille Fulchiron, amie du Foyer, déjà citée.
4. Marie-Hélène Martel, Aix-en-Provence.

vers Dieu. Le dimanche, pour se détendre, il aimait faire, en famille, une partie de canasta[1]. Quand une jeune vocation arrivait, il lui demandait, en souriant, si elle savait jouer à ce jeu. La plupart du temps, elle répondait « non », alors il lui disait qu'il fallait apprendre, car c'était, plaisantait-il, un signe de vocation !

La joie ! Que de personnes soulignent l'homme de la joie, l'homme de l'humour ! Candide[2] se souvient des joyeuses promenades en communauté, des agréables visites chez les voisins, des veillées de détente, ensemble, dans le *kati kati*[3] durant les soirées libres. « Il était joyeux, riait volontiers avec toutes et tous. » Lydwine[4] parle même de « taquineries, mais toujours avec un souci de formation ». Nos amis Orrit[5] témoignent de « la joie, du bonheur simple et vrai, qu'ils aimaient partager avec nous ».

La simplicité ! Nous y tenions tous ; le père Lochet encore plus fermement. Nous préférions ce mot-là, à celui de « pauvreté » ; ce qui ne nous a pas empêchés de créer un cadre harmonieux, propice à la détente et au recueillement, grâce au père Pierre, pétri de talents artistiques. Simplicité et beauté vont souvent de pair.

Le désir d'unité était notre phare, notre moteur

Marthe ne nous avait-elle pas missionnés de la part du Seigneur ? « Vous serez le foyer de la réconciliation, vous ne le direz pas, vous le vivrez. »

La Parole autour de laquelle le père Lochet nous conviait souvent était : « Aimez-vous les uns les autres, comme je vous

1. Jeu de cartes très connu, surtout parmi les missionnaires, au Burundi.
2. Candide Niyibizi.
3. Nom donné à une salle pour nos rencontres de communauté, par le père Pierre Jansen.
4. Lydwine Ngendakumana.
5. Annie et Jean-Claude, Aix-en-Provence, Bouches-du-Rhône.

ai aimés. » Pour lui, toute civilisation avait besoin d'être évangélisée. Nous étions donc, tous, Africains et Européens, logés à la même enseigne. Chacun avait son chemin de conversion à entreprendre, un travail à faire sur lui-même, pour faire plier sa propre volonté de puissance, son orgueil, au quotidien.

Ainsi nous aidait-il à vivre dans le pardon donné et reçu. Je ne peux oublier ce jour où il est venu vers moi, pour demander pardon pour une chose de peu d'importance. Je puis vous assurer que cela a fait tache d'huile. Il était fréquent, par la suite, que l'on soit témoins d'un geste de réconciliation. Ainsi, le pardon affinait-il nos relations.

Jeannette se souvient :

> Dans les conflits de la vie fraternelle, le père Lochet se sentait démuni dans l'instant. Alors, il allait prier à la chapelle. Puis lui-même, aidé aussi, il ouvrait un chemin d'expression et d'apaisement. Il a pu dire au père Dugas[1] : « Heureusement, nous vivons avec l'Esprit saint, car une communauté avec des Blancs, des Noirs, deux ethnies, hommes, femmes, qui n'explose pas, c'est bien le signe que l'Esprit saint est là. »

Oui, il veillait à ce qu'au Foyer de Charité, une vraie communion se réalise entre tous les membres, pourtant si différents. Anne-Marie[2] parle ainsi du père Lochet :

> Un être d'unité avec le souci que tous s'entendent, soient en plein accord, dans l'harmonie même. En lui, nous reconnaissions un père, qui prenait soin de ceux et celles qui lui étaient confiés ; un père présent par son attention, son affection, sa simplicité et sa joie. Pas un père « au-dessus » mais un père au milieu de sa famille.

1. Père blanc, recteur du Séminaire tout proche du Foyer, ami intime du père Lochet.
2. Anne-Marie Bitega, déjà citée.

Il était facile pour moi de travailler avec le père Lochet. Nous avions à nous rencontrer régulièrement, notamment pour le service de la vie communautaire. À mon départ, je n'avais que 25 ans, et lui, déjà 60. Avec du recul, je mesure combien il m'a toujours considérée comme une adulte. À mes questions, il répondait souvent par une autre question, faisant ainsi avancer la réflexion pour une décision évidente et commune, digne de la maïeutique de Socrate qui fait grandir son élève.

Lorsque nous avions parfois à parler de quelqu'un, c'était toujours pour envisager comment l'aider à devenir, à donner le meilleur de lui-même. Personnellement, je puis dire qu'il m'a fait advenir à moi-même. En me confiant des missions, celles-ci contribuaient à me projeter en avant.

Le père Lochet suscitait le partage communautaire

Pour lui, ces temps communautaires devaient permettre à chacun de s'exprimer, d'être acteur dans le discernement et de se sentir donc engagé et responsable de la marche du Foyer.

Temps de réflexion, temps de discernement, temps de décision ensemble : doit-on mettre un lavabo dans chaque chambre ou des sanitaires communs ? L'importance du silence nous a orientés. Ou bien achat d'une voiture ? Une voiture est indispensable, mais elle doit être modeste. Ce fut l'option d'une 4L.

Temps de formation, très important pour lui, qu'il assurait avec le père Pierre. Nous profitions aussi de ce qui se proposait dans le pays. De même, l'un ou l'autre d'entre nous pouvait apporter, à l'occasion, sa contribution. Par exemple, Jeannette se rappelle : « J'avais fait une session sur les psaumes. Il m'a demandé de la distiller à la communauté, régulièrement. » Moi-même, j'ai largement profité d'une session sur « la coresponsabilité ». Cela m'a beaucoup aidée dans mon service, pour le bien de la communauté.

Temps aussi de partage du vécu : partage des expériences de vie, dans un climat de louange, par exemple lors de l'arrivée d'un nouveau membre ; partage des expériences de grâces, des dons de Dieu, dans une relecture pour mieux percevoir l'action du Seigneur et entendre ses nouveaux appels. Le père Lochet était vigilant pour que la vie circule entre nous. Jeune de cœur, il était très accueillant et heureux de toutes les initiatives que l'un ou l'autre pouvait proposer, signes d'une vitalité apostolique.

Des journées rythmées : Dieu premier servi

Lydwine rappelle que le père Lochet « insistait sur la prière personnelle qui prépare la prière communautaire, sur le silence profond qui permet de rester avec Dieu, même durant le travail ». Pour honorer le Seigneur, on pratiquait au Foyer, le grand principe de saint Ignace : « ne jamais déranger la créature d'avec son Créateur ». On respectait donc, autant que possible, le temps de prière de chacun.

Le père Lochet vivait ce qu'il nous proposait de vivre. « Il était à la chapelle, tous les matins, à la même heure ; fidèle, il était là. Il aimait la prière de l'Église, l'Office du temps présent et s'attachait à la Parole de Dieu qu'il méditait dans l'oraison, avant la messe », précise Lydwine.

« Il aimait la Sainte Vierge, surtout quand je l'entendais scander le "Je vous salue Marie" dans la prière mariale du soir. Il m'a aidé à purifier mon amour de la Vierge Marie : il en parlait avec beaucoup d'affection[1] » déclare quant à lui Mgr Ntamwana.

L'Eucharistie était le sommet de notre journée où l'on prenait (en dehors des retraites) le temps du partage de l'Évangile du jour. Cela pouvait être aussi le lieu de demande de pardon fraternel. Nous la vivions, rassemblés autour de l'autel qui avait

---

1. Mgr Simon Ntamwana, archevêque de Gitega.

la forme d'un établi, beau symbole réalisé par le père Pierre Jansen.

Toujours prêt à nous accueillir quand nous souhaitions le rencontrer, il avait le souci de nous ramener à notre relation au Christ. « Au début d'un entretien, il me demandait souvent : "Quel est pour toi l'appel du Seigneur ?" », se souvient Claude.

Notre communauté, une communauté idyllique ?

Vraiment pas ! Nous avons eu aussi nos combats intérieurs, des tensions entre nous, nos heures de péché. La première année fut particulièrement rude. Ces moments-là devaient atteindre profondément le père Lochet pour qu'il écrive dans son *Carnet de route*, en mai 1975 :

> « Je suis avec vous tous les jours jusqu'à la fin des siècles. »
> Tous les jours… jusqu'au bout… le Christ sera toujours là…
> présent, vivant et aimant
> pour te donner de vivre et d'offrir l'événement, quel qu'il soit,
> facile, difficile ou impossible…
> Vie de communauté : relations, tensions, tentations…
> Action apostolique : démarches, recherches,
> persécution… souffrance et mort…
> Pour tout cela voici que je suis avec vous,
> tous les jours, jusqu'à la fin… Alors… Amen !
> Alléluia !
> Confiance pour tout, tout, tout…
> en lui seul… absolument sans réserve…
> dans la paix ou la tempête.

Notre vie communautaire n'était pas pour nous enfermer dans un cocon bien chaud, c'était pour être davantage apôtres. Le père Lochet soulignait souvent, que nous étions « rassemblés par le Seigneur pour être envoyés par Lui ».

Une communauté pour annoncer l'Évangile

Notre première mission donc, fut, comme dans tous les Foyers de Charité, la retraite fondamentale.

Ce sont des retraites spirituelles de six jours. La cohérence de la foi y est enseignée, célébrée et vécue dans un cadre familial et un climat de silence. Les enseignements visent à fortifier « l'homme intérieur » et à faire, de tous, des témoins dans tous les milieux de vie.

« Suivre le Christ »

C'était le thème de ses retraites fondamentales. Il offrait toujours le même, mais il le retravaillait sans cesse, en fonction des retraitants qui s'inscrivaient. En dévoilant et déployant alors le grand plan de salut de Dieu Trinité, il voulait rejoindre chacun, dans son contexte de vie. Que de témoignages en sont le reflet !

> Théologien, il avait un don particulier d'une parole simple, brève, percutante, juste, proche de l'Évangile[1]. Accessible à tous, tout en gardant le souci de poser les racines profondes de la foi en Jésus-Christ, Fils de Dieu[2].
>
> Les retraites qu'il guidait ont beaucoup aidé les prêtres et les religieux(ses) qui avaient vécu les tragiques déchirements du Burundi[3].
>
> Il a contribué à la guérison des blessures intérieures, à ramener la confiance entre les personnes. Il a été l'apôtre du pardon de Dieu et de la réconciliation. Son enseignement était centré sur le Christ, venu sauver et donner la vie en plénitude[4].

---

1. Jeannette Briffaud, déjà citée.
2. Lydwine Ngendakumana, déjà citée.
3. Dans les années 1972-1973.
4. Mgr Gabriel Baragensabe, déjà cité.

Les mini-retraites qu'il animait pour les célibataires, les couples ou les familles qui montaient généralement de Bujumbura[1], pour une fin de semaine, étaient des moments privilégiés où l'on se sentait, grâce à lui, grandir dans la foi, et dont on redescendait avec l'impression d'être devenus meilleurs. Son enseignement était à la fois exigeant et pacifiant. Il savait parler clairement et fermement[2].

Par cette œuvre du Foyer, Louis Lochet a donné à nous tous, prêtres, religieux, religieuses, laïcs et fidèles de l'Église catholique, le goût pour les nourritures spirituelles. Il nous a mis à l'école de la prière, il nous a entraînés à rencontrer le Père. Nous avons appris à apprécier la valeur du silence et du recueillement. Jamais, au grand jamais nous n'étions fatigués de l'entendre prêcher. Sa parole, simple, interpellait les consciences de chacun et piquait tout droit au cœur du retraitant. Dans la personne du père Lochet, nous avons touché du doigt la présence agissante de Dieu en nous. Aux interrogations de tout genre qui lui étaient posées, il avait toujours une réponse d'un homme de foi. Et quand la question était délicate, la réponse était accompagnée par un brin de rire humoristique : son génie, pour faire avaler la pilule, quand même elle était amère[3].

Ce n'était pas de simples retraites animées par un prédicateur. C'était toute la communauté qui soutenait les retraitants par la prière, par l'accueil extrêmement chaleureux et attentif à chacun, par la préparation soignée des chambres et des repas[4]. La communauté était aussi importante que le prêtre, chacun à sa place, bien ensemble, il y avait une cohésion. Le père Lochet savait établir la confiance[5].

1. Capitale du pays.
2. Régine et Olivier Beugnot, coopérants français.
3. Abbé Avit Vyumvuhore, déjà cité.
4. Père Quintard, provincial des Pères blancs.
5. Annie et Jean-Claude Orrit, déjà cités.

« Prêtres et laïcs, ensemble »

Très vite, le père Lochet nous a demandé de prendre la responsabilité de l'animation liturgique et des temps de prière. On ne savait pas faire, on a appris. À tour de rôle, chacun prenait sa part, sachant qu'il était soutenu par ses frères et sœurs. Notre communion se vivait fortement, là, dans l'animation. On en voyait les fruits, ce qui nous encourageait.

> Notre « Padri » nous laissait toujours une grande liberté de créativité dans le choix ou la composition des textes, les symboles, expressions corporelles, à la condition qu'elles soient signifiantes, exactes, vraies, belles et harmonieuses… bref y apporter le plus grand soin pour éviter l'écueil de la routine, de l'affadissement[1].

C'est là que nous avons fait, bien souvent, l'expérience merveilleuse de la fécondité de la collaboration entre le sacerdoce commun des fidèles et le sacerdoce ministériel du prêtre. « Il nous donnait, à nous les laïcs, notre vraie place », dit Anne-Marie.

Le père Couvreur du diocèse de Reims, venu nous visiter, exprime la même chose, à sa manière, dans un article intitulé : « La co-responsabilité laïcs-prêtre »[2]. « L'esprit d'équipe règne au Foyer de Gitega : on y partage tout, tant au plan matériel qu'apostolique ; aucune décision n'est prise sans avoir été réfléchie ensemble. Ce qui crée cet esprit est sans doute la communauté spirituelle, de charité missionnaire, renforcée par des temps forts passés ensemble. »

Un catéchiste[3] se souvient encore de l'année 1984 où le père Lochet lui a demandé de prêcher une retraite en tant que laïc ; ce dernier l'assistait simplement. Cela l'a marqué.

---

1. Père Pierre Jansen, Foyer de Charité, Branguier, Bouches-du-Rhône.
2. *Bulletin Reims-Ardennes*, novembre 1983.
3. Emmanuel Manwangu, catéchiste au service diocésain de catéchèse et liturgie.

Prendre soin de l'accueil

Nous étions bien tous là, pour accueillir, offrir l'accueil chaleureux que l'Afrique nous apprenait. Combien ont cependant le souvenir tout particulier de celui du père Lochet ! Il en avait le sens et savait mettre à l'aise.

> Je le vois encore nous accueillir avec un sourire, une simplicité et une chaleur qui nous mettaient tout de suite dans le climat de fraternité dont nous avions besoin[1].
>
> Même avec ceux qui ne connaissaient pas le français, des gens simples de la campagne qui ne parlaient que kirundi, il arrivait à s'entretenir avec eux, sûrement avec la langue du cœur[2].
>
> Il faisait un signe de la main, avec son grand sourire[3].

Pour lui, l'accueil d'une personne était aussi important que celui d'un groupe. Frère Bonaventure[4], notre premier retraitant, en reste étonné :

> Je suis allé à Mugera où étaient domiciliés les membres du Foyer. Je pensais demander au père Lochet s'il pouvait me faire une causerie spirituelle, au moins trente minutes par jour, pendant six jours de retraite. À ma grande surprise [...], ils m'ont intégré dans leur communauté. Le père Lochet me donnait deux instructions par jour. Je prenais les repas avec eux et cela, en silence, à cause de moi[5].

C'est ainsi qu'il souhaitait ne pas parler du nombre de retraitants qui venaient. « Dieu ne calcule pas comme cela », disait-il.

---

1. Mgr Évariste Ngoyagoye, archevêque de Bujumbura, Burundi.
2. Mgr Gabriel Baragensabe, déjà cité.
3. Lydwine Ngendakumana, déjà citée.
4. Congrégation des Frères Bene Yozefu.
5. Novembre 2012, « à cause de moi » : puisque le silence aide à l'ouverture à Dieu.

Les prêtres ! « Toujours là pour accueillir ses confrères, il leur manifestait sa joie de les voir. Il les portait dans sa prière avec le souci de les nourrir, sachant la lourde charge qui les attendait[1]. »

Il se sentait à l'aise avec tous les rangs sociaux, « abordant avec le même respect, la même attention, toute personne, riche ou pauvre, européenne ou africaine, quelle que soit sa fonction, avec un amour de prédilection pour les petits, les handicapés, les malades. Ceux-là avaient une place privilégiée dans son cœur, il avait du respect pour eux[2] ». Lydwine se souvient encore d'une retraite pour des personnes ayant un handicap : « Malgré sa santé fragile, il mangeait avec eux. On aurait dit qu'il devenait un petit avec eux. »

L'art d'être présent

Par sa présence attentive, il savait se faire proche, il savait vraiment écouter avec l'oreille du cœur. Bien des années après, Mgr Bonaventure[3] en garde le souvenir.

> Le père Lochet souhaitait vivre proche de tous ceux qui nous entouraient. Pour nous, les jeunes, c'était une personne qui avait une grande bonté et qui nous aimait. J'illustre cela par un fait. J'ai eu l'occasion, quand j'étais grand séminariste, de passer les vacances d'été, deux fois, à la paroisse de Mugera. Comme séminaristes, nous occupions une maison indépendante du presbytère. À côté, il y avait une porte qui donnait sur le chemin conduisant à la grotte de Notre-Dame de Lourdes et plus d'une fois, il passait nous saluer, nous les séminaristes. Comme souvent c'était vers 15 heures ou 16 heures, nous étions au repos. En arrivant au salon, il s'écriait : « Ne craignez pas, je suis l'ami des jeunes » ou « c'est l'ami des jeunes qui vient vous saluer », et il restait un petit temps à causer avec nous. Cela nous encourageait. Je dois dire qu'il y avait des

1. Candide Niyibizi.
2. Jeannette Briffaud, déjà citée.
3. Mgr Bonaventure Nahimana, diocèse de Rutana, Burundi.

prêtres à la paroisse, au séminaire et au Foyer, mais c'est le seul qui venait nous trouver, dans notre habitation.

Une proximité incarnée

Un jour où la famille Fulchiron était « montée » depuis la capitale, le père Lochet était là, à leur arrivée. En voyant Violaine, leur petite fille de 5 ans, toute pâle après trois heures de voyage, il dit aussitôt à Évelyne, la maman : « Sortez-moi vite cette enfant de la voiture pour lui donner à boire ! »

Quand les retraites étaient prêchées en Kirundi[1], Candide était touchée de le voir « s'efforcer de chanter les Ave Maria » dans cette langue belle mais difficile.

C'est sans doute en raison de sa profonde attitude intérieure, toute tournée vers les autres, vers la vie des autres, qu'il eut envie d'écrire deux livres :

– *Espérance de vie*[2] est adressé aux personnes du troisième âge, avec des témoignages de hautes et profondes qualités de vie et orientant vers l'avenir.

– *Dieu m'aime comme ça*[3] est un recueil qui donne la voix aux petits, aux sans-voix qui nous apprennent la vie.

Un cœur vulnérable aux joies et aux peines

Mgr Bonaventure[4] en garde le souvenir :

> On venait de renvoyer de l'école une fille étudiante, parce qu'elle était enceinte. La famille, et les voisins, la huaient. Elle était terriblement découragée et ne savait plus quoi faire. La vie n'avait plus de sens pour elle. Quelqu'un lui a dit d'aller confier sa souffrance au père Lochet. Eh bien, elle a retrouvé confiance en elle-même, elle a assumé sa grossesse et a eu son

1. Langue du pays.
2. Louis Lochet, Éditions Ouvrières, 1977.
3. Louis Lochet, Éditions Ouvrières, 1980.
4. Déjà cité.

> enfant. Depuis, elle a mené une vie chrétienne exemplaire jusqu'à aujourd'hui. Elle ne cesse de dire que c'est grâce au père Lochet qu'elle a pu sortir de sa situation, grâce à sa bonté, à son esprit de compréhension, à sa miséricorde et à sa compassion.

Annie[1], en deuil de son fils, se revoit encore en sortant de la crypte de Roquefort-les-Pins[2] : « Il m'a prise par le bras et m'a dit : "Et surtout, ne vous fermez pas sur votre blessure, mais gardez bien votre maison ouverte à tous". »

Et comment ne pas parler de ce prêtre, venu chez nous au Foyer, envoyé par son évêque, parce qu'il était sur le point de quitter son ministère ? Celui-ci ne peut oublier ni la grande patience du père Lochet qui ne jugeait pas, ni ses visites fréquentes à la chapelle pour prier à son intention. Aujourd'hui, ce prêtre est heureux d'être prêtre avec un ministère fécond.

Cette passion intérieure pour offrir à ses frères la Bonne Nouvelle qui sauve, lui a fait écrire le livre *Jésus descendu aux enfers*[3] que Hans Urs von Balthasar utilisera pour écrire son ouvrage intitulé *Espérer pour tous*.

Humble, il ne jugeait pas

Là encore, des témoins ont voulu le signifier :

> Le père Lochet était beaucoup plus instruit et cultivé que moi. Cependant, il m'arrivait de lui faire remarquer que tel ou tel comportement risquait de choquer les Burundais. Il acceptait ces remarques avec beaucoup de simplicité et d'humilité et en tenait compte. Je ne l'ai jamais vu en colère[4].

1. Annie et Jean-Claude Orrit ont perdu leur fils, pilote, dans un accident d'avion.
2. Lieu d'implantation d'un Foyer de Charité, Alpes-Maritimes.
3. Louis Lochet, *Jésus descendu aux enfers,* Cerf, 1979.
4. Père Jacques Dugas, déjà cité.

> Aux durs moments où l'Église du Burundi subissait les persécutions des missionnaires, l'emprisonnement des prêtres et des laïcs engagés, la spoliation des biens de l'Église, le père Lochet a gardé la sérénité. Je ne l'ai pas entendu formuler des critiques amères ou des paroles de découragement[1].

> En parlant des autres (qu'on juge si facilement !), il me semble l'avoir entendu dire plusieurs fois, comme par respect de l'itinéraire de chacun : « Il court pour son Seigneur… » ; ça coupait court à une médisance possible ou la remettait à sa place[2].

Tout cela, nous pouvons en témoigner car nous savions que là-bas, au loin, dans une petite ferme de ce village de France, Châteauneuf-de-Galaure, Marthe Robin nous accompagnait de sa prière, de son affection, de son offrande. Nous le savions. Le père Lochet le mesurait sans doute encore plus. Le père Finet restait aussi très attentif. Dans une lettre qu'il m'adressait le 15 octobre 1976, il termine par : « Ce mot vous demandera de redire mon affection fraternelle et notre confiance totale au cher père Lochet. J'ai lu tout son programme de cette année, il est le reflet et le témoignage bouleversant de son rayonnement apostolique. Mais quel travail en perspective pour votre petit Foyer ! »

Une pastorale dans l'Église du Burundi

La pastorale du Foyer a toujours été teintée des priorités ecclésiales du pays. Le père Lochet ne pouvait pas s'y soustraire.

1. Mgr Gabriel Baragensabe, déjà cité.
2. Sœur Marie Pascale qui n'a pu oublier, déjà citée.

Une Église en Synode

En effet, l'Église du Burundi vivait une étape importante à cette époque. Elle était entrée en Synode, en 1977, pour quatre ans.

Le père Lochet aimait cette Église, il aimait sa jeunesse et sa vitalité. Il la soutenait dans son désir de renouvellement, selon l'esprit du Concile. Il écrit à son diocèse de Reims :

> L'axe de cette recherche synodale est la croissance des petites communautés avec la naissance de nouveaux ministères qui s'y produit déjà [...]. Dans plusieurs paroisses, la responsabilité pastorale est remise presque entièrement entre les mains de conseils de laïcs[1].
>
> Nous sommes heureux de participer à cette pastorale, qui joint indissolublement évangélisation et développement et prépare sûrement l'avenir, le plus solidement relié à la vie de l'Église de ce pays [...], des communautés non seulement ecclésiastiques mais ecclésiales, où les prêtres rejoignent les laïcs pour manifester avec eux le nouveau visage de l'Église, peuple de Dieu, au service de l'Évangile[2].

Dans son témoignage, l'abbé Avit écrit :

> Le père Lochet aura été l'architecte des communautés de base, vraiment ecclésiales au Burundi [...]. Il était le conférencier attitré [...], il nous ramenait toujours à l'essentiel : « L'Eucharistie, nous disait-il, doit être au cœur de toute communauté. En effet, l'Eucharistie fait l'Église. » C'est donc par l'Eucharistie que toute communauté devient ecclésiale. Ainsi, le père Lochet soulignait, avec fermeté, la place incontournable qui revient au prêtre pour la croissance de chaque communauté et la sanctification de toute l'Église[3].

---

1. *Bulletin Reims-Ardennes*, février 1977.
2. *Bulletin Reims-Ardennes*, octobre 1981.
3. Abbé Avit Vyumvuhore, déjà cité.

À travers des faits convergents, apparaissent déjà les traits de la mission de demain. Ils répondent bien à la prière du Christ : « Qu'ils soient un pour que le monde croie » (Jn 17, 23). Le père Lochet sait les mettre en lumière : « Diversité plus grande pour une unité plus rayonnante : prêtres et laïcs ensemble, Noirs et Blancs, croyants appartenant à des Églises diverses, au milieu du monde des humbles, unis par la même foi au Christ pour annoncer l'Évangile à tous. Tels sont les nouveaux missionnaires d'aujourd'hui et de demain[1] ! »

Formation des séminaristes.

C'était un autre souci devenu prioritaire pour l'Église du Burundi. Il s'agissait de « donner des bases solides à la vie spirituelle » des jeunes qui entraient au séminaire. Pendant cinq ans, Mgr Gabriel Baragensabe et d'autres formateurs sont venus chaque trimestre au Foyer de Charité de Mugera. Il en garde lui-même un vivant souvenir et il témoigne avec reconnaissance :

> Le père Lochet était l'âme de notre équipe des formateurs : nous, les deux prêtres du Grand Séminaire, le père Comblin et moi, ainsi que les autres membres du Foyer de Charité de Mugera. Avec le père Lochet, nous avons appris à travailler ensemble [...]. Nous avons appris à nous laisser interpeller par ces jeunes, à témoigner de ce que nous croyions et que nous essayions de vivre. Au cours de ces rencontres, la parole du père Lochet était toujours claire, juste, sereine, vraie. Nous avions pleine confiance en lui, nous les formateurs et les séminaristes. Il mettait sa longue expérience à la portée de tous, avec patience et beaucoup de cœur. Nous étions toujours frappés de la capacité de synthèse qu'il avait. Il percevait tout de suite le sens des questions, même quand elles étaient maladroitement exprimées. Il avait un respect remarquable de chaque personne, les plus âgées comme les jeunes.

1. *Bulletin Reims-Ardennes*, octobre 1981.

Le père Lochet s'inspirait des grandes orientations du concile Vatican II. Il insistait toujours sur la dimension pastorale de toute la formation au Grand Séminaire. Le prêtre est appelé, disait-il souvent, à être pasteur au milieu du peuple de Dieu. Aux séminaristes qui, souvent, confondaient formation et diplômes, le père Lochet rappelait toujours que le meilleur diplôme pour le prêtre est d'être au service de l'Évangile et du Peuple de Dieu. Les bonnes études sont nécessaires, les diplômes peuvent aussi être utiles, mais pour le prêtre, l'essentiel est d'être au service pastoral[1].

Pour encourager et nourrir la vie d'Église au Burundi, le père Lochet était souvent sollicité pour écrire différents articles, publiés dans la revue du diocèse, *Au cœur de l'Afrique*[2], articles particulièrement appréciés.

Développement intégral de l'homme

Impossible d'annoncer l'Évangile sans se préoccuper en même temps du développement intégral de l'homme. C'est l'incarnation de l'Évangile, si chère à l'orientation pastorale du père Lochet.

C'est ainsi que nous avons encouragé un centre artisanal à Mugera. C'est grâce à lui que nous avons équipé notre Foyer de Charité.

Nous avons aussi soutenu la construction et l'équipement d'un centre pour personnes ayant un handicap : « Un luxe déplacé dans un pays pauvre ? Partout dans le monde, une société qui sait faire place à ses infirmes, leur donner une dignité

1. Mgr Gabriel Baragensabe, déjà cité.
2. « Mystère et ministère des évêques », 1976 ; « Un nouveau langage de la foi », 1976 ; « Qu'est-ce qu'un ouvrier apostolique ? », 1977 ; « Communautés nouvelles », 1977 ; « Vers une nouvelle étape de la vie missionnaire de l'Église », 1980 ; « Laïcs chrétiens pour le monde de ce temps », 1984.

humaine par leur travail et leur insertion sociale, s'élève», écrivait-il à Reims[1].

Comme toujours, il vivait ce qu'il disait et nous le faisait vivre. Cela coulait de source. L'abbé Avit, alors curé de Mugera, rappelle avec émotion son amour sans faille pour la paroisse :

> Chaque mois, souvent le troisième dimanche, le père Lochet venait, avec tous les membres de son Foyer, pour participer à une des trois messes dominicales. Cette présence régulière, à mes côtés, d'un prêtre de si haut rang, était un beau témoignage de la fraternité sacerdotale qui doit être la caractéristique de tous les prêtres. Cette fraternité, il la vivait profondément avec le père Pierre Jansen[2].

Si l'Église du Burundi continue à dire qu'elle doit beaucoup au père Lochet, lui a toujours exprimé sa reconnaissance envers elle, envers le peuple de ce pays. Sa mission l'a beaucoup marqué et comme il l'écrit lui-même : «Le Champenois que je suis est maintenant implanté depuis trois ans "au cœur de l'Afrique". Cela marque profondément les mentalités, non seulement la tête, mais le cœur et l'existence même[3].»

Sa famille en est le témoin :

> Nous avons senti que son passage au Burundi avait été pour lui une expérience essentielle [...]. La pauvreté et la joie de vivre de ce peuple, malgré les immenses difficultés qu'il traverse, l'ont profondément marqué. Au point que lui, qui ne nous avait jamais «fait la morale», a commencé, à son retour et après être sorti des problèmes de santé, à nous répéter à tout propos : «il faut partager», «pensez aux pauvres», «faites une place aux pauvres» [...]. De tout son être, jaillissait cette

1. *Bulletin Reims-Ardennes*, mars 1976.
2. Père Pierre Jansen, de notre Foyer de Mugera.
3. *Bulletin Reims-Ardennes*, décembre 1977.

obsession d'une vie simple et dépouillée, et il ne pouvait s'empêcher, contrairement à ses habitudes, de nous en parler[1].

Émerveillement devant le travail de Dieu

Le père Lochet est heureux.
Heureux de voir ce que le Seigneur fait pour préparer l'avenir :

> Il y a maintenant sept ans que notre petit Foyer de Charité de Mugera est ouvert au Burundi. Il serait bien difficile, et finalement bien inutile, d'essayer de faire un bilan de ces sept années. Ce qui se passe pour nous ressemble un peu à la croissance d'un arbre. Il y a des racines qui s'enfoncent dans le sol, un tronc qui grandit, des branches qui poussent, des fruits[2]. [...]
>
> Un grand esprit de détachement est manifesté par ceux qui ont créé ce Foyer. Ils se réjouissent de voir qu'à leur suite, l'Église d'Afrique prendra en charge le Foyer[3].

Heureux d'être témoin d'une Afrique qui devient missionnaire :

> Cette retraite nous fut prêchée par le père Isidore de Souza, évêque béninois. Je vois encore le père Lochet, toujours discret, et visiblement heureux de voir l'Afrique évangéliser l'Afrique[4].

Heureux aussi de faire cette annonce au diocèse de Reims :

> C'est la première fois qu'un évêque africain[5] anime le Carême de la télévision française, avec plusieurs millions d'auditeurs. Je pense que c'est un signe d'une nouvelle étape de

1. Père Pierre Lochet, déjà cité, cf. cahier photos, planche VII.
2. *Bulletin Reims-Ardennes*, octobre 1981.
3. Père Couvreur, Reims, novembre 1983.
4. Mgr Stanislas Kaburungu, janvier 1984.
5. Il s'agit de Mgr Bududira, alors évêque de Bururi, au sud du pays.

la mission, qui sera celle de l'entraide entre toutes les Églises, pour annoncer l'Évangile à tous les peuples, à travers le témoignage de leur unité dans la foi et dans l'amour[1].

Heureux encore de recevoir tant de richesses d'un pays frère !

> Nous donnons peut-être un accueil, un enseignement, mais nous recevons beaucoup de la part des Africains, en particulier au niveau des relations, dans lesquelles ils ont une délicatesse et une qualité d'attention qui nous surprend, qui nous éveille. De même, au niveau de la prière, ils vivent une qualité, une simplicité, une intensité dont nous ne pouvons que nous émerveiller[2].

Puis brusquement...

À la fin de l'année 1984, le père Lochet est fatigué et il tombe malade. Dans la nuit du 5 au 6 février 1985, il est rapatrié au moment même où nous avions rendez-vous avec Mgr Michel Ntuyahaga[3] pour envisager la création d'un deuxième Foyer de Charité, à la demande des évêques, pour la capitale, Bujumbura : Foyer longtemps désiré, appelé et porté dans la prière par le groupe des coopérants et de nos amis burundais qui se rendaient régulièrement au Foyer. Ceux-ci espéraient avoir un autre lieu de ressourcement, plus rapide d'accès au quotidien.

Juste avant de partir, le père Lochet dit au Foyer : « Il faut que ce Foyer naisse dans la souffrance, par l'offrande d'une vie. J'offre la mienne. »

Il ne sait pas encore qu'il ne reviendra plus au pays : un visa sur son passeport lui interdit toutefois toute éventualité de

---

1. *Bulletin Reims-Ardennes*, mars 1981.
2. *Bulletin Reims-Ardennes*, janvier 1979.
3. Alors archevêque de Bujumbura.

retour (le pays traverse alors une crise). Il part donc, sans que les amis puissent lui dire un mot d'affection, sans pouvoir recevoir au moins un merci. Son état de santé s'étant altéré, on ne le lui apprendra qu'un mois plus tard, lorsqu'il ira mieux.

Mais le Foyer de Mugera, solidement enraciné, va continuer sous la responsabilité du père Bernard Kabutura[1].

Quant au Foyer de Bujumbura, il sera fondé par le père Jean Ntagwarara, avec une partie des membres du premier Foyer[2]. Celui-ci n'oubliera pas, dans son témoignage, lors de la sépulture du père Lochet[3], d'évoquer cette vie féconde donnée à ce pays, au cœur de l'Afrique :

> Son amour pour le Seigneur et pour l'Église nous a tous aidés à dépasser la « dés-unité », après les massacres intervenus en 1972.
>
> Sa joie, son amour et sa paix, fruits de sa docilité à l'Esprit saint présent en lui, suscitaient la confiance de tous ceux qui l'approchaient. J'ai toujours admiré en lui l'effacement, signe de son humilité. Beaucoup de personnes venaient volontiers se confier à lui à cause, entre autres, de sa discrétion. Il était témoin de la miséricorde de Dieu.
>
> C'était pour nous un père, un frère et un ami. Autour de lui régnaient la joie et la paix, car il refusait tout ce qui est querelle, et cherchait à favoriser l'unité : sa vie était solidement ancrée en Jésus par Marie, Notre-Dame d'Espérance.

---

1. Prêtre du diocèse de Ngozi, apprécié par beaucoup, que Mgr Kaburungu acceptera de détacher, pour la mission du Foyer de Charité, au service de l'Église.
2. Futur évêque de Bubanza (nord-ouest du pays).
3. En septembre 2002.

VII

Serviteur de l'Unité

Pour comprendre ce deuxième volet de la vie du père Lochet dans les Foyers de Charité, il faut remonter un peu dans le temps. Nous sommes au début de l'année 1981.

J'étais en congé en France.

Marthe Robin semblait se soucier de l'engagement du père Lochet dans les Foyers de Charité. Lui-même m'avait mandatée auprès du père Finet pour envisager une date de célébration, chez nous, au Burundi. Quand je rencontrai Marthe, elle s'empressa de me demander si le père Finet avait fixé un jour. Lorsque je lui ai annoncé que ce serait la semaine du 12 au 16 janvier 1981, Marthe laissa échapper : « C'est loin, ça ! », comme si elle attendait cet engagement avec hâte[1]. Elle rejoindra, en effet, son Seigneur le 6 février de cette même année.

Voyait-elle l'urgence d'un tel engagement ? Sans nul doute. Comment le père Lochet aurait-il pu assumer le service qu'il allait recevoir de Rome, si lui-même n'était pas reconnu comme membre à part entière de l'Œuvre ?

1. Le père Lochet s'engage dans l'Œuvre des Foyers de Charité le 14 janvier 1981.

Les Foyers en crise de croissance

En effet, à ce moment-là, les Foyers vivaient une période difficile, très difficile. Parce que l'Œuvre s'était développée, elle ne pouvait plus être organisée comme auparavant.

Or, rien n'avait été vraiment envisagé jusque-là. Les Foyers couraient même le risque de l'éclatement. Des tensions s'étaient déjà fortement exprimées lors d'une assemblée, en novembre 1980. Là, déjà, le père Lochet était apparu comme l'homme de l'unité, en favorisant le partage, donnant la parole à tous, dans une grande écoute respectueuse. Chantal[1] ne peut oublier « l'enthousiasme de Marthe Robin de savoir que c'était le père Lochet qui animait la rencontre ».

Annie[2] en garde aussi un souvenir marquant.

> Son esprit de sagesse et de conciliation était nécessaire pour apaiser les esprits. Avant chaque rencontre, il lisait une Parole de Dieu, la commentait brièvement et invitait à une prière commune. Les esprits en étaient apaisés. Je vois toujours le père Lochet, assis au bureau, recueilli, parfois les yeux fermés, un homme de prière qui, certainement, était persuadé que seul l'Esprit saint pouvait intervenir, changer les cœurs et rétablir la communion. On est reparti avec l'assurance que cette réunion avait contribué à renforcer l'unité.

L'année suivante, le 2 novembre 1981, les Foyers de Charité reçurent une nouvelle convocation pour une assemblée générale. Mais le père Lochet avait averti Châteauneuf qu'il ne viendrait pas, prétextant la fatigue. Il avait fait dire : « Je suis bien dans mes collines de Mugera, je ne peux pas les quitter comme cela, je fais confiance à tous ceux qui sont là-bas [...]. »

1. Chantal de Bodman, déjà citée.
2. Annie Krier, Foyer de Charité, Luxembourg.

L'assemblée s'ouvrit donc, sans le père Lochet. Le climat était tendu. Étant donné l'enjeu de cette réunion – organisation de la gouvernance des Foyers et travail sur « quelque chose », qui cinq ans après deviendra les statuts –, quelques pères de Foyers avec le père Finet estimèrent que la présence du père Lochet était indispensable pour l'animer et essayer de maintenir l'unité entre tous les participants. Il fallait donc aller le chercher d'urgence.

Un voyage peu banal

Laissons la parole à François[1] qui raconte, encore avec émotion, son aventure épique :

> En début d'après-midi de ce dimanche de la Toussaint, le père Colon m'appelle en sortant de table et me dit, de la part du père Finet et de son Conseil :
>
> – Va tout de suite chercher le père Lochet au Burundi, et essaie de revenir avec lui, avant la fin de la réunion.
>
> – Mais, père, vous savez ce que vous me dites ? C'est la Toussaint ! Toutes les agences de voyages sont fermées ! En trois jours, faire un aller-retour au cœur de l'Afrique, sans visa, sans billet d'avion et sans même être sûr de le trouver !
>
> – Débrouille-toi, va et ramène-le avant la fin de la réunion, il y va de l'avenir des Foyers.
>
> – OK, je vais essayer, mais c'est sans garantie.

Renseignements pris, aucun vol sur Bujumbura (Burundi) n'est disponible avant quatre jours. Seul est annoncé un avion au départ de Bruxelles pour Kigali (Rwanda), le soir même, à 22 heures 30. François se rend en hâte à Satolas[2], où il peut prendre le vol de 18 heures pour Bruxelles et le billet pour Kigali. Cependant, dans l'avion vers Bruxelles, il réalise la folie que représente un tel voyage : sans visa, ni pour le Rwanda,

1. François Burel, Foyer de Charité, Châteauneuf-de-Galaure, Drôme.
2. Aéroport le plus proche du Foyer de Charité de Châteauneuf-de-Galaure.

ni pour le Burundi ! Et comment parvenir au Burundi sans voiture ? Comment rejoindre ce petit coin perdu de Mugera ? Mais François raconte :

> Une petite voix intérieure me dit : arrête de poser des questions, tu n'as pas la réponse, alors fonce et tu verras, ça marchera.
>
> À Bruxelles, la Sabena (compagnie aérienne belge devenue aujourd'hui la Brussels Airlines) ne veut pas me laisser embarquer, parce que je n'ai pas de visa pour le Rwanda. On parlemente, et sous ma responsabilité (je signe un papier), ils me laissent quand même embarquer. Ouf ! Je serai déjà en Afrique et pas trop loin du Burundi, c'est un progrès.
>
> À Kigali, j'obtiens assez facilement un « visa de transit » de 48 heures (pour les 2 et 3 novembre) et me voilà sorti de l'aéroport à midi. Je demande où est la Procure[1] ou l'évêché. Comme la Procure n'est pas trop loin, j'y vais à pied, cela me réveillera.
>
> Plongé dans une profonde réflexion sur ce que je devais essayer de faire, je traverse un carrefour, sans regarder. Un énorme et bruyant coup de frein, une 504 s'arrête à 10 cm de mes jambes. En sort un homme furieux, qui m'abreuve de tous les qualificatifs possibles et, je ne sais pour quelle raison, je lui dis :
>
> – Excusez-moi, Monsieur, je sors de l'avion, je cherche la Procure et ensuite, je devrais aller à l'ambassade du Burundi, car je dois me rendre en urgence, au Burundi, chercher un prêtre.
>
> Changement de ton, il me pose deux ou trois questions, puis :
>
> – Montez avec moi, je suis l'ambassadeur du Burundi. À cette heure-là, nos bureaux sont déjà fermés, mais je vais essayer de trouver les tampons qu'il vous faut.
>
> Aussitôt dit, aussitôt fait. Une fois à l'ambassade, en farfouillant dans un bureau, il trouve les tampons adéquats et, comme il ne connaît pas le tarif d'un visa, il écrit dessus « visa

1. Centre d'accueil.

gratuit » puis, très gentiment, il me conduit jusqu'à la Procure en me disant : « C'est sur ma route, bonne chance ! »

À la Procure qui est fermée à cette heure, j'avise le gardien et lui demande de vite avertir le responsable que j'ai absolument besoin de lui, tout de suite. Ma tête a dû le convaincre, il part comme une flèche et revient dix minutes plus tard avec l'économe, le père Yan de Becker, que je ne connais pas.

– Père, je suis François Burel, je ne vous connais pas, mais je suis des Foyers de Charité et je dois absolument aller à Gitega récupérer le père Louis Lochet. On a absolument besoin de lui pour une réunion qui vient de commencer, et il doit intervenir après-demain.

– Je connais bien le « padri » Claessens du Foyer de Remera Ruhondo et un peu le père Lochet. Je vous crois et vous avez de la chance ; j'ai terminé, ce matin, la révision complète de la 504 break de Gatagara[1]. Ils ne viendront la chercher que demain soir. Prenez-la, mais attention, soyez de retour demain soir !

– C'est promis et, comme de toute façon, l'avion de retour est pour demain soir, ou ça marche, ou c'est la catastrophe !

– Dépêchez-vous de partir, le poste-frontière de sortie du Rwanda ferme à 18 heures, vous n'avez pas de temps à perdre si vous ne voulez pas passer la nuit devant le poste.

– Mais c'est où, la route pour le Burundi ?

– Au deuxième carrefour, visez Butare, puis la frontière, faites vite.

La route jusqu'à la frontière n'est pas trop difficile mais, malgré tout, il est déjà 18 heures 30 quand je me présente et, bien sûr, elle est fermée. Une voiture attend déjà devant la barrière et son chauffeur décontracté me dit : « Tu peux rien faire, tu attends demain ; le douanier, il est parti chez lui. » Comment faire ? Comment faire ? Je ne peux pas attendre comme ça, perdre une journée et manquer l'avion ! J'en étais là de mes réflexions quand on frappe à ma vitre. J'ouvre et un homme me dit :

1. Centre pour personnes ayant un handicap au Rwanda.

– Je suis le douanier, et quand j'ai vu la voiture de Gatagara (le nom était inscrit en gros caractères, sur les deux côtés de la voiture), je me suis dit : « c'est grave », il faut que je redescende en vitesse. Venez, je vais vous faire passer.

Ouf ! Me voilà déjà au Burundi. C'est un gros progrès, merci Marie, les anges gardiens, Marthe et tous les autres. Il fait nuit, la route est libre et me voilà dans la ville de Gitega vers 23 heures 30. Il n'y a pas un chat, et comment vais-je faire tout seul pour trouver la piste de Mugera ? Ah si, enfin quelqu'un ! Un jeune est là, sur le bord de la route, comme s'il m'attendait. Je lui demande :

– Excusez-moi, mais je dois aller cette nuit au village de Mugera et je ne sais pas comment trouver l'amorce de la piste.

– Je viens avec vous jusqu'au pont, c'est pas loin de chez moi, après vous montez dans la colline, vous faites à peu près dix kilomètres, et c'est là-haut.

Au pont, juste un petit au-revoir rapide et il disparaît dans la nuit, comme une lampe qui s'éteint. Il n'y a plus personne. Cela devait être un ange !

Après quelques hésitations d'orientation sur la piste, j'arrive enfin dans la cour du Foyer, il est environ une 1 heure 30 du matin. À grand renfort de klaxon, je réveille tout le monde et c'est Anne-Marie qui réagit en premier, elle ouvre sa fenêtre et crie très fort :

– Qu'est-ce que c'est ?

– C'est moi, François, je viens chercher le père Lochet pour la réunion des Foyers.

– Quuoooi ? Je descends, j'arrive.

Elle est ahurie de me voir là, seul, et à cette heure de la nuit.

Après maintes explications, il est convenu d'aller réveiller le père Lochet et de lui expliquer pourquoi je suis là et la nécessité de partir avec moi, sans tarder, pour rejoindre le Rwanda, rendre la voiture de Gatagara, à la Procure et reprendre l'avion, le soir même.

– François, dit le père Lochet, je ne comptais pas aller à cette réunion et je l'ai écrit, je suis vraiment trop fatigué et cette réunion va être très compliquée. Je préférerais écrire à tous une longue lettre explicative. Mais puisque tu as fait tout ce voyage, rien que pour moi, je ne peux pas refuser. Alors on y va, mais il faut d'abord aller jusqu'à Bujumbura obtenir mon visa, sinon ils ne me laisseront pas sortir du pays.

Cette complication supplémentaire n'était pas prévue ! Il faut vite faire une valise, rassembler quelques documents, manger en vitesse quelque chose, dormir une heure puis, après quelques adieux rapides, partir tous les deux sur Bujumbura, pour être à l'ouverture des bureaux, le 3 novembre au matin, obtenir ce fameux papier et essayer de ne pas prendre trop de retard pour notre avion.

Catastrophe, les bureaux n'ouvrent qu'à 9 heures et nous sommes là, à 8 heures, avec une bonne heure d'avance. Je commence à m'énerver un peu quand arrive une brave dame qui, connaissant le père Lochet, lui demande ce qu'il fait là, si tôt.

Je lui explique sommairement la situation et notre empressement à reprendre la route de Kigali.

– D'habitude, je commence mon travail à 9 heures, mais, exceptionnellement, je suis venue à 8 heures parce que j'ai un travail en retard à terminer pour ce matin. Venez, ce n'est pas mon service qui délivre ce document, mais on va se débrouiller et je préviendrai ma collègue.

Génial : à 8 heures 30, munis du fameux papier, on pouvait reprendre la route vers la frontière et Kigali. Entre midi et deux heures, la frontière du Burundi est fermée. Sainte Patience, priez pour nous ! On n'arrivera jamais à temps, ce soir, pour l'avion... À la frontière du Rwanda, je retrouve « mon » douanier, tout sourire, qui, un peu étonné de me revoir si vite et surtout avec la personne dont je lui avais parlé, me félicite et me laisse passer sans problème.

La route de Butare et Kigali est belle, sinuant entre les collines ; peu de monde sur la route, mais un caillou vient quand même éclater le pare-brise et il faut faire les derniers quatre-vingts kilomètres, très vite, mais au grand air. Ah, ça réveille ! Merci Seigneur pour ce caillou qui m'a sans doute évité une dangereuse somnolence qui commençait à m'engourdir. Ce doit être un ange gardien qui l'a lancé !

À la Procure de Kigali, le père Yan de Becker était impatient sur le pas de la porte, se demandant si on arriverait à temps pour l'avion.

– Ah vous voilà enfin ! Vite à l'aéroport si vous ne voulez pas louper votre avion. Mais, qu'est-ce que c'est que ça, vous n'avez plus de pare-brise ?

– Euh non, mais cela m'a tenu bien réveillé.

– Oui, il vaut peut-être mieux un pare-brise qu'un manguier !

Je lui laisse un petit dédommagement pour le pare-brise et promets de lui envoyer un complément dès mon retour à Châteauneuf, et nous voilà à l'aéroport. Ils étaient en train de fermer l'enregistrement, on se fait « attraper » pour notre retard, mais on est dans l'avion. Ouf ! Je crois que maintenant on tient vraiment le bon bout.

Arrivés à Châteauneuf le 4 novembre, en fin de matinée, je les laisse accueillir chaleureusement le père Lochet. La réunion est déjà bien avancée, mais difficile, et moi... Je vais dormir !

Le hasard, c'est Dieu, qui voyage incognito, dit-on parfois. Oui, qu'a-t-il bien pu se passer au ciel, durant ces trois jours ? Nous ne le saurons que dans un au-delà, lorsque nous reverrons Marthe ! Mais il est manifeste que le doigt de Dieu était là, accompagnant et travaillant pour et avec François : le père Lochet devait venir à cette assemblée générale !

L'homme de la situation

Le 5 novembre, après avoir écouté le maximum de pères dans l'après-midi du 4, il fait une « conférence magistrale » sur l'organisation des Foyers de Charité, le côté prophétique de l'Œuvre et sur le « quelque chose » qui deviendra un jour les statuts des Foyers à mettre en place. En voici quelques extraits :

Cette équipe de travail aura la tâche d'établir « quelque chose » dont nous avons souvent parlé, c'est-à-dire ce texte

> de références qui ne sera ni des constitutions, ni une règle, ni des statuts, ni rien de tout cela, mais qui sera tout de même quelque chose. Et nous espérons « quelque chose » de bien ! « Quelque chose » d'inspiré !
>
> Il nous faut avancer vers l'unité de plus en plus profonde et vécue entre tous, dans les Foyers, à pas d'amour. [...]
>
> Nous sommes des communautés prophétiques [...]. Nous vivons dans le monde, pour être signe d'un monde nouveau.

Puis, plus loin dans ses interventions :

> Ce qui me paraît très éclairant, c'est la convergence. On peut dire qu'il y a un accord et que ça, c'est la marque de l'Esprit saint.
>
> Ce qui apparaît, c'est que nous sommes en recherche. Je note un accord unanime pour dire qu'il faut « quelque chose ». Ce « quelque chose » est, à la fois, une référence sûrement au texte de Marthe, aux textes du père Finet mais aussi également une référence à une tradition vivante, au vécu.
>
> Je remarque également la convergence sur l'unité, le lien avec Châteauneuf qui apparaît comme une racine fondamentale, le lien avec les autres Foyers, le lien avec les évêques [...], le lien d'unité avec Rome.

Ainsi donc, par son histoire, sa culture, sa vie et sa diplomatie, le père Lochet a su faire la synthèse des différentes approches que les uns et les autres pouvaient avoir sur l'Œuvre des Foyers de Charité. Et dans une grande liberté, il a su mettre en évidence ce qui était du souffle de l'Esprit saint pour elle, en notre temps.

Une certaine paix et quasi-unité entre les Foyers semblaient être retrouvées et nous replaçaient dans une espérance. Mais ce n'était que le début de la route.

Le 3 novembre 1982, à Rome, la Secrétairerie d'État désigna le père Lochet pour animer une commission de prêtres et laïcs, chargée de préparer un document qui exprime l'esprit et la vie des Foyers de Charité, document qui devait être, ensuite, soumis à l'approbation du Saint-Siège.

Je me souviens du jour où, à Mugera, il a reçu l'enveloppe avec son estampille rouge. Il l'a mise, sans rien dire, sous la petite statue de Notre-Dame du Foyer qu'il avait dans son bureau. Elle y est restée trois jours. Puis après lecture, je l'entends encore dire : « Non, non, non. »

Pourtant, il accepta cette charge comme un service. Il s'y est donné courageusement, avec crainte, mais de tout son cœur.

Une commission fut élue et se mit aussitôt au travail, pendant une bonne semaine, sous sa direction. Son autorité et sa force d'âme nous permirent de descendre au plus profond du charisme des Foyers de Charité, selon la volonté du Seigneur révélée au père Finet par Marthe Robin. Et sa vision d'Église, charismatique et prophétique, nous aida à nous engager dans un nouveau souffle.

> Pas d'immobilisme ni de rupture dans la tradition d'Église : c'est une fidélité dans le renouvellement et le progrès[1].
>
> Ce qui est vivant grandit, évolue, s'adapte, se renouvelle. L'Esprit de Dieu n'abandonne jamais ce qu'il a commencé dans la croissance de toute l'Église. Mais s'il n'abandonne pas le passé, il invente l'avenir. Il n'a jamais fini d'inventer. L'Esprit, fidèle à la tradition vivante, fait toujours surgir du neuf: il fait renaître [...]. Nouveauté et tradition marchent toujours ensemble[2].

Après la rédaction de ce qui deviendra les statuts des Foyers de Charité, le père Lochet, accompagné de deux laïcs, ira à Rome déposer le document, au Conseil pontifical pour les laïcs. L'homme d'Église qu'il était a voulu faire de ce voyage un pèlerinage sur les tombeaux de saint Pierre et saint Paul,

---

1. Louis Lochet, Assemblée des Foyers de Charité, Châteauneuf-de-Galaure, du 3 au 9 novembre 1986.
2. Louis Lochet, «Aujourd'hui, la Pentecôte», *Alouette* (revue des Foyers de Charité), mai 1986, n° 114.

comme pour signifier sa volonté d'enraciner davantage les Foyers au cœur de l'Église.

« L'homme providentiel »

Le père Lochet laisse le souvenir d'un homme qui a joué « *un rôle déterminant*[1] ».

Il fallut plusieurs années de rencontres et de travail pour arriver à « ce quelque chose ». En manifestant une grande écoute et un grand respect pour chacun, le père Lochet a favorisé l'expression des divers points de vue et a donc été « facteur d'unité[2] ».

> Le service demandé par Rome, il s'en est acquitté avec une compétence humble, dans une grande disponibilité à l'Esprit saint. Tout le monde le sentait et son « autorité » était incontestable : évangélique, elle rassurait et ouvrait à l'Espérance. Dieu conduit son œuvre avec des ouvriers fidèles et dociles. Le père Lochet en fut un et pas des moindres[3].

Marie-Thérèse[4] souligne le fait que le père Lochet était le seul à pouvoir être entendu par Rome, à être accepté comme interlocuteur.

Le père Wolfram le confirme : « S'il n'y avait pas eu le père Lochet, avec sa réputation à Rome[5] ! »

« J'éprouve beaucoup de reconnaissance à l'égard de l'Église qui a discerné en lui, l'homme providentiel pour aider la barque des Foyers à traverser les tempêtes violentes qui sévissaient[6] », rajoute Marie-Josée.

---

1. Père Lucien-Marie Cotte, déjà cité.
2. Michel Blanc, Foyer de Charité, La Flatière, Haute-Savoie.
3. Marie Odile Riwer, Foyer de Charité, Châteauneuf-de-Galaure, Drôme.
4. Marie Thérèse Gilles, Foyer de Charité, Châteauneuf-de-Galaure, Drôme.
5. Père René Wolfram, déjà cité.
6. Marie-Josée Janssens, déjà citée.

Lors de la sépulture du père Lochet, en septembre 2002, le père Ravanel exprimera les sentiments de beaucoup :

> Au moment de la recherche du statut canonique des Foyers de Charité, merci d'avoir accepté la mission qui vous a été confiée par des autorités romaines, et de nous avoir aidés à « écrire ce que nous vivions », selon l'expression de Marthe. Une commission élue de prêtres et de laïcs a pu, sous votre direction, formuler la pensée de Marthe Robin et du père Finet.
>
> Votre cœur, autant que votre intelligence, nous ont permis de nous retrouver, frères et sœurs dans le Seigneur. Nous arrivions d'horizons lointains (le monde est grand) nourris de cultures et de sensibilités religieuses différentes. Vous avez, par votre humilité, facilité l'expression de chacun d'entre nous. Votre capacité intellectuelle nous aidait à voir grand et sobre, de manière à favoriser la naissance d'un texte qui pourrait permettre un large consensus de l'ensemble des Foyers.
>
> Rejoignant la pensée du père Finet et de Marthe, vous aimiez à dire : « Les Foyers de Charité n'en sont qu'au début de leur histoire. Veillons à ne pas les rétrécir. Traçons des avenues larges et ouvertes[1]. »

« Homme d'Église, à la parole libre »

Tel est le souvenir que garde Mgr Marchand[2] du père Lochet.

Alors évêque de Valence, il a beaucoup travaillé, avec lui, dans une bonne et nécessaire collaboration. Avec autorité et détermination, il l'a aidé, accompagné et soutenu dans sa mission délicate, auprès des autorités romaines. Il dit : « Parole pas du tout "bondieusarde". Louis Lochet croyait en l'Église de tout son être. En me dédicaçant son livre *Vers une Église différente*, il écrivait : "Vivons dans l'Église d'aujourd'hui, pour

---

1. Père Jacques Ravanel, déjà cité.
2. Mgr Didier-Léon Marchand, alors évêque de Valence dans la Drôme.

préparer celle de demain." » Et rappelant ce conseil que Marthe fit un jour à un prêtre : « N'oubliez jamais de porter attention aux laïcs ; respectez toute leur place dans l'Église », Mgr Marchand ajoute : « Le père Lochet le vivait. » Oui, avec reconnaissance, il restait fils de l'Église.

De fait, il a marqué les Foyers dans ce sens. « C'est lui, le premier – en ce temps –, qui voulait donner aux membres laïcs leur place dans les Foyers[1]. »

« Il a su nous responsabiliser tous, "laïcs et prêtres", dans ce tournant unique de notre histoire, car il avait une intelligence profonde de tout ce qui concerne les Foyers et leur charisme propre, mis au service de l'Église, pour le monde[2]. »

Son ouverture d'esprit et de cœur

> Toutes ses interventions ouvraient, donnaient du souffle, invitaient à l'amour et à la liberté et permettaient de respirer large. Je trouve une grande fidélité au père Finet qui répétait : « Dieu a de l'ambition sur l'Œuvre, ne le décevons pas. » Il situait les Foyers, non seulement dans leur ensemble à travers le monde et donc dans la diversité des cultures dans lesquelles ils étaient implantés, mais aussi dans la situation mondiale, avec ce sens de rechercher les « signes des temps » pour avancer avec bon sens, et aussi hardiesse[3].

> Il m'a toujours impressionné par la précision de sa pensée et son courage pour avancer, surtout dans les problèmes compliqués des Foyers, à une certaine époque. Cela, il pouvait le vivre, grâce à une profonde spiritualité pleine de bon sens (un peu comme Marthe)[4].

1. Rachel Weckx, Foyer de Charité, Thorn, Pays-Bas.
2. Marie-Odile Riwer, déjà citée.
3. Jean-Pol Blanchard, Foyer de Charité, Tressaint, Côtes-d'Armor.
4. Mgr Didier-Léon Marchand, novembre 2012, déjà cité.

> Et sans compromission avec le mal, sans sectarisme[1].
>
> Son regard était d'une grande douceur, plein de tendresse, mais d'une tendresse virile, sans fadeur, car ce n'était pas l'homme des compromissions ou des mollesses consensuelles. Homme de conviction, à la foi vigoureuse, plein de courage[2].

Son humilité

À l'annonce de la nomination du père Lochet par Rome, les Foyers de Charité s'interrogeaient. Cela pouvait se concevoir.

> Même, certains d'entre eux ont pu contester, un instant, la légitimité de l'autorité du père Lochet pour présider l'assemblée de novembre 1981. Alors, il est resté très digne. Il s'est levé pour s'en aller, puisqu'on ne lui reconnaissait pas la légitimité de sa présence. Puis l'assemblée lui demandant expressément de revenir, il est remonté vers le bureau. Il l'a fait avec une grande humilité et a repris la place de la présidence, comme si de rien n'était[3].
>
> Je garde en moi, très fort, le souvenir d'un jour où il traversait la salle à manger. Il avait une telle intériorité ! Je voyais l'humilité du prêtre. Pourtant, il était dans une période très active. Il aurait pu éprouver cette autosatisfaction de quelqu'un qui donne. Non, il ne cherchait pas de louange, ni l'approbation des autres ; il ne cherchait pas à attirer les regards[4].
>
> Le père Lochet va jusqu'au bout de sa mission confiée, puis il disparaît. Il n'occupe pas la vitrine[5].

1. Père Jacques Ravanel, déjà cité.
2. Régine et Olivier Beugnot, déjà cités.
3. Odile Schneider, Foyer de Charité, Roquefort-les-Pins, Alpes-Maritimes.
4. Bernadette Froidevaux, déjà citée.
5. Françoise Barbier, Foyer de Charité, Tressaint, Côtes-d'Armor.

« Personne ne souffre pour soi »

Tout ce qui était non-communion, il le vivait douloureusement.

> Il souffrait quand il sentait les divisions perdurer entre les personnes. Il portait avec angoisse et espérance l'avenir de l'Église et des Foyers en Occident[1].
>
> Je l'ai découvert comme un grand homme et prêtre théologien, intelligent, qui souffrait courageusement, sans critiquer[2].

Dans son *Carnet de route,* il épanche régulièrement son cœur, à l'ombre de la Croix.

1980 :
Celui qui a porté longtemps sa croix avec Jésus,
à la fin, c'est la croix qui le porte.

C'est la croix qui te détache de tout
qui t'arrache à tout…
et tes pas ne reposent plus sur la terre…
ta vie ne repose plus sur tes forces
et ton avenir n'est plus guidé par tes projets,
un autre te mènera…

Tu apprendras à marcher sur le cœur…

1981 :
La Sainte Vierge veille sur toi [le père Lochet],
et sur toute la communauté de Mugera nous dit Marthe.
N'aie pas peur…

25 août 1982, fête de saint Louis :
Trois fois, j'ai prié le Seigneur.
Il m'a dit : « Ma grâce te suffit,
ma puissance s'accomplit dans ta faiblesse. »

---

1. Père Jean-Claude Lenain, déjà cité.
2. Rachel Weckx, déjà citée.

Alors volontiers je me glorifierai de ma faiblesse…
afin que demeure en moi la force du Christ.

Carême 1983 :

Personne ne vit pour soi,
personne ne meurt pour soi (Rm 14,7).
On peut ajouter « personne ne souffre pour soi ».

22 avril 1984 :

Je suis fait et je vis
pour porter en moi, dans ma chair et dans mon esprit,
dans ma vie et dans ma mort, ce qui s'accomplit en moi,
la plénitude de la vie et de la mort du Christ,
pour son corps qui est l'Église,
pour le salut de tous mes frères,
et de tout l'univers…
à la gloire éternelle du Père…

Cela seul vaut la peine d'être vécu, d'agir,
de souffrir,
de mourir et d'exister
qui m'unit, à ma juste place, à tous les autres,
et à tout l'univers…

Le père Lochet est toujours tourné, dans le don de soi, vers le salut de tous dont il se sent intimement solidaire.

1984 :

Être au service de l'écoute
au service de tous… au service de l'Amour…

Être pour les autres… avec
mes valeurs, mes faiblesses, mes richesses, mes pauvretés.

Je ne suis pas pour moi-même,
je suis pour les autres, pour tous les autres,
solidaire en Jésus-Christ du péché et du salut de tous.

L'Œuvre des Foyers de Charité a été reconnue par le Conseil pontifical pour les laïcs par la voix de Mgr Joseph Cordès[1], le 1er novembre 1986, et sa structure canonique « *ad expérimentum* » jusqu'au 8 décembre 1999, date à laquelle elle a été définitivement approuvée.

Dans son témoignage, Marie-Josée aime en rappeler le côté prophétique :

> L'introduction de nos statuts actuels, avec le souffle qui s'y trouve, me semble encore exprimer quelque chose qui vient en droite ligne du père Lochet : « Ce document que nous avons élaboré ensemble ne veut pas être un cadre étroit qui limiterait la liberté de l'Esprit. Il ne vise pas à donner des règles pour former un modèle unique de Foyer de Charité, mais il tend à recueillir les inspirations fondamentales selon lesquelles, dans la fidélité aux origines, des réalisations extrêmement diverses pourront être suscitées par l'Esprit.
>
> Nous voudrions que ce document permette de nous faire reconnaître par tous, dans la véritable "nouveauté" de ce que nous sommes et de ce que nous sommes appelés à devenir. Nous souhaitons qu'il puisse servir à tous les Foyers, pour un discernement des appels que l'Esprit leur adresse, dans la fidélité à la grande Œuvre d'Amour confiée par Jésus à Marthe, et pour une plus grande communion dans l'unité.

« Inspirations », « liberté de l'Esprit saint », « discerner ses appels », « nouveauté », « être appelé à devenir », « communion dans l'unité »... On reconnaît bien là le souffle qui a traversé toute la pensée et toute la vie du père Lochet.

C'est ce même souffle qui animait aussi le cœur de Canisius, lorsque, s'exprimant au nom des laïcs de Bujumbura, il plaidait pour la création d'un nouveau Foyer de Charité, dans la capitale : « Nous aimons, disait-il, venir chez vous, parce que nous nous sentons chez nous. Au fond, vous vivez

1. Cf. cahier photos, planche VI.

la même chose que nous, mais vous le vivez autrement et vous nous interpellez à vivre notre quotidien autrement[1]. »

Réponse lumineuse pour la vie de l'Œuvre ; celle d'hier, celle d'aujourd'hui. Elle ouvre aussi un chemin d'espérance pour celle de demain.

Le père Lochet était-il un charismatique au sens plénier du terme ?

Le père Bernard Michon[2], sans avoir eu l'occasion de travailler beaucoup avec lui, nous livre pourtant un précieux témoignage sur la dimension charismatique, au sens plénier du terme, de la personnalité du père Lochet :

> La simplicité évangélique du père Lochet et son ardeur à servir l'Église, voilà, me semble-t-il, ce qu'il a mis au service des Foyers de Charité, d'abord au Burundi, puis ici à Châteauneuf.
>
> Rome lui demande d'aider l'ensemble des Foyers de Charité à trouver des mots justes pour dire leur charisme et leur mission dans l'Église. Et il le fait, comme un grand serviteur, avec ses talents, son sens de l'unité, son acuité intellectuelle.
>
> Les Foyers de Charité, ceux du Burundi, celui de Châteauneuf avec tous les autres, lui doivent beaucoup.

Dans une de ses conférences, le père Lochet avait dit à propos du mystère de l'union de Marthe à Jésus crucifié :

> Il n'y a pas de communion plus intime
> que celle qui nous rassemble sur la Croix[3].

L'heure vient maintenant, pour lui, d'entrer dans ce mystère.

---

1. Canisius Uhoraningoga, vice-président du Conseil pontifical pour les laïcs de 1980 à 1995, ici à Bujumbura en 1984.
2. Père du Foyer de Châteauneuf-de-Galaure et responsable des Foyers de Charité.
3. Conférence, Châteauneuf-de-Galaure, 1986.

VIII

« Entre dans la joie de ton Maître[1] »

Lors du décès du père Lochet, sœur Marie-Pierre[2] retraça ainsi son portrait, tel en tout cas qu'il s'était imprimé dans sa mémoire :

> Je vois la silhouette un peu lourde du père, silhouette solide, calme, « terrienne » en quelque sorte – n'était-il pas champenois d'origine ? –, un homme solide, un visage plein de calme bonté, un regard qui venait de loin et regardait loin, sans aucune distance, tant il était accueillant et proche dans sa discrétion. Et ce bon rire que j'ai encore dans l'oreille, car il était très gai, si simple, si proche, et cependant avec cette espèce de distance inconsciente, involontaire, qui est, je pense, la marque des vrais spirituels, vivant surtout dans le sanctuaire intérieur où nul ne pénètre, où Dieu demeure, rayonne et attire très mystérieusement sans qu'eux le sachent ; eux qui savent peu à peu se retirer, pour qu'Il soit tout.

Pour ce prêtre que sœur Marie-Pierre avait perçu comme étant un peu hors du commun, une tout autre page de vie va s'ouvrir.

En effet, lui qui avait si souvent scruté les Écritures, et qui en avait reçu toute la lumière pour éclairer ses frères, lui qui

1. Titre d'un livre que le père Lochet pensait écrire.
2. Religieuse dominicaine qui m'a convaincue d'écrire cette biographie. Taulignan, Drôme.

avait compris les hommes les plus meurtris par la vie et avait su leur apporter la paix – tout semblait si simple près de lui –, cet homme, durant les dernières années de sa vie, va entrer dans une étape mystérieuse.

L'appel du père Finet

Le 4 juin 1986, le père Finet lui demande de rester auprès de lui, à Châteauneuf, pour l'aider: «Désormais, vous aurez une chambre qui vous sera réservée pour me seconder à Châteauneuf.»

Le père Lochet accueille cette nouvelle mission dans la confiance, dans l'abandon à son Père du ciel, dans l'offrande, toujours pour le bien de ses frères.

Le 15 août de cette même année, il écrit dans son carnet intime:

> Ton Père du ciel sait tout ce dont tu as besoin...
> Il est tout-puissant et Il t'aime.
> Il te conduira toujours et partout pour ton bien,
> pour le bien de ton diocèse,
> pour le bien des Foyers du Burundi
> et de tous les Foyers,
> pour le bien de l'Église
> et du monde entier...
> pour sa plus grande gloire, en Jésus,
> par l'Esprit
> et tous les saints et Marie.
> Alors, Père, je m'abandonne à Toi...
> Voici, je viens comme ton enfant, en Jésus,
> pour faire ta volonté.
> Amen. Alléluia!

Le 25 août 1986, jour de la fête de saint Louis, il écrit au père Bernard[1] :

> Ta lettre, un grand bonheur pour le jour de ma fête ! Pour moi, après un an de repos à Roquefort-les-Pins[2] je suis maintenant envoyé à Châteauneuf pour aider le père Finet qui a 87 ans ! Cela consiste surtout à accueillir les pères et les membres laïcs des Foyers qui viennent du dehors, et aussi les retraitants parfois nombreux [...]. Que de situations difficiles ici aussi ! Que de grâces merveilleusement adaptées à tous, à chacun !

Il restera donc quelques années au Foyer de Charité de Châteauneuf-de-Galaure, présent dans le Conseil du père Finet, ce qui lui permet de découvrir davantage la dimension internationale de l'Œuvre, dans la fécondité de la prière et de l'offrande de Marthe.

> Le cœur va plus vite que la plume pour vous répondre. Il y a eu les journées très remplies du « Conseil central » et le tas de lettres « très urgentes » qu'on me laisse le soin de rédiger après ces conseils [...]. Je ne chôme pas aussi, dans mon ministère d'accueil. Nous avons un prêtre du Bénin [...], un prêtre écossais, [...] nous attendons, samedi, un évêque et un prêtre polonais [...]. Enfin, j'ai de bonnes nouvelles du petit Foyer de Taïpé à Taïwan, aux portes de la Chine [...]. Quel beau rayonnement de Marthe, à travers le monde[3] !

Mais le père Lochet ressent une lassitude, une fatigue profonde. Son *Carnet de route* devient un lieu de confidences. Le 25 août 1988, jour de sa fête patronale, il laisse échapper de son cœur ce cri :

> Je suis pauvre et malheureux... mon Dieu viens vite...

---

1. Père Bernard Kabutura, successeur du père Lochet au Foyer de Charité de Mugera, Burundi.
2. Foyer de Charité, Alpes-Maritimes, Côte d'Azur.
3. Lettre au père Bernard Kabutura, février 1988.

Tu es mon secours, mon libérateur, Seigneur
ne tarde pas…
Mais tu seras l'allégresse et la joie de tous ceux
qui te cherchent…
Toujours ils rediront : Dieu est Grand…
ceux qui aiment ton salut.
Mon Dieu viens me délivrer, Seigneur,
vite à mon secours…
Soit que nous vivions, soit que nous mourions,
nous sommes au Seigneur… Amen[1].

Quelques mois plus tard, il écrit encore :

Fatigué par le chemin…
Jésus, ce matin, je suis las, incapable de rien…
Tant de rencontres, de paroles, d'activités
m'ont laissé usé, à bout de forces…
Dans cet état, je me demande dans lequel de vos mystères
je puis, aujourd'hui, vous retrouver ?
Et voici qu'ouvrant l'Évangile, je tombe sur ces mots :
« Fatigué du chemin, Jésus s'assit sur la margelle du puits. »
C'est là que je vous rejoins ce matin, Seigneur,
fatigué par le chemin, je m'assois près de vous,
pour ce repos de quelques instants, au bord du puits.

Mais voici qu'une femme arrive avec sa cruche,
une Samaritaine…
Votre cœur est toujours en éveil… partout et
même fatigué,
vous êtes l'envoyé du Père et c'est Lui qui
l'envoie vers vous.
Dès lors, vous êtes là, pour elle,
vous avez une parole humaine, pour elle :
« Donne-moi à boire… »
Vous avez une parole divine pour elle aussi.
Son cœur s'ouvre au mystère qui la rejoint et l'éclaire :
« Ne serais-tu pas le Messie ? »

1. *Carnet de route*, 25 août 1988.

« C'est Moi qui te parle... »
Laissant sa cruche, elle court prévenir ses compatriotes.
Ils l'écoutent et... ils croient :
« Il est vraiment le Sauveur du monde... »
Jésus en a oublié sa fatigue :
derrière la Samaritaine, il voit ce peuple, hier hostile,
qui se met en marche vers la foi...
derrière eux, ce sont toutes les nations qui se lèvent
pour se mettre en marche vers lui...
car il est vraiment le Sauveur du monde.

Seigneur Jésus, apprends-nous à te rejoindre, dans la fatigue.
Que nous sachions, avec toi,
que nous sommes toujours en mission.
Même si notre corps est las de courir après ceux
qui ne te connaissent pas,
du moins que notre cœur vibre pour aimer ceux
que le Père envoie vers nous,
et leur révéler encore, aujourd'hui et toujours,
que tu es vraiment le Sauveur du monde[1]...

En 1990, durant la Semaine sainte, il est à Roquefort-les-Pins. Un sentiment d'échec l'envahit, mais il rebondit par la confiance en Dieu Miséricorde.

- Souffrance du corps, du cœur, de l'âme et de l'esprit !
Lumière douloureuse dans laquelle il m'apparaît que toute ma vie a été manquée...
J'ai vécu plus pour des apparences que pour la réalité.
Je n'ai pas su aimer en vérité,
aimer Jésus, les autres, comme Jésus.
Recherches vaines, vaniteuses, charnelles...
C'est fini : comment se fait-il que
je ne vous aie pas prié davantage,
je ne vous aie pas reconnu en chaque instant,
je n'ai pas su assez vous aimer... ?

1. *Carnet de route*, janvier 1989.

Échec…
Toi qui es venu chercher et sauver ce qui était perdu,
« viens à mon aide, viens à mon secours » !

– Tu n'as donc rien compris ?
Crois-tu que l'accomplissement d'une vie
soit une réussite de nos efforts,
et le ciel une récompense de ce que nous avons fait,
de ce que nous avons gagné ?
Si tu savais le don de Dieu !
Dieu est bonté, tendresse, miséricorde infinie…
Dieu ne nous aime pas parce que nous sommes bons,
mais parce qu'Il est bon, sa bonté nous renouvelle en lui-même.

– Nous nous présenterons à lui dans notre misère,
dans notre radicale pauvreté,
les mains vides,
si nous nous reconnaissons pécheurs…
sans confiance en nous-mêmes,
mais avec une immense confiance en lui,
en sa bonté,
en sa grâce…
Alors ce sera une récompense magnifique, immense, incomparable,
parce qu'elle sera l'œuvre de sa miséricorde infinie
à la mesure de son Amour pour nous,
son Amour en nous…
Entre dans la joie de ton maître…

Cependant, de plus en plus, un sentiment d'anéantissement envahit le père Lochet : un sentiment de « rien ». Alors, il pose des actes de foi, des actes d'amour.

Quelle grâce quand, le matin, nous ne nous sentons aucun courage,
aucune force pour pratiquer la vertu…
C'est alors le moment difficile… on est tentés de laisser tout, là.

Mais dans un acte d'amour même pas senti…
tout est réparé, et au-delà, Jésus sourit…
Que ta volonté soit faite…
Il veut que tout soit pour lui…
Eh bien… tout sera pour lui ;
tout, même quand je ne sentirai rien à lui offrir…
Alors, comme ce soir, je lui donnerai ce rien[1]…

Retrait au Foyer de Charité de Roquefort-les-Pins

Durant cette période, le père Lochet aimait se rendre, de temps en temps, au Foyer de Charité de Roquefort-les-Pins[2]. Pour du repos ?… Il est resté toujours discret sur ses raisons personnelles. Florence se souvient.

> Il arrivait avec très peu de bagages si ce n'est ce dont il avait besoin pour travailler et préparer son prochain livre […]. Très discret dans la communauté, sauf au moment du repas où il était bien présent, avec humour et amabilité. Il passait son temps à travailler et à prier. Nous ne le voyions qu'au moment de l'Eucharistie et des repas.
>
> Il a prêché aussi quelques retraites, et ceux qui les ont suivies s'en souviennent avec reconnaissance[3].

C'est pendant cette période qu'il a pu traduire en mots ce à quoi il a aspiré toute sa vie : *Vers une Église différente*[4].

En quoi « différente » ?

> Une Église plus rayonnante parce que plus pauvre, plus attirante parce que plus aimante, plus convaincante parce que plus unie : Église de Jésus-Christ, davantage un peuple de frères rassemblés dans la foi et dans la joie, Jésus vivant dans son Église.

---

1. *Carnet de route*, 1991.
2. Alpes-Maritimes.
3. Florence Mandeville, Foyer de Charité, Roquefort-les-Pins.
4. Louis Lochet, *Vers une Église différente*, *op. cit.*

Au début de l'année 1993, le père Lochet est venu s'installer définitivement dans ce Foyer de Charité. Il est arrivé avec un bagage minime, une valise aussi minuscule que celle qu'il apportait pour un séjour d'une quinzaine de jours.

Là, il a retrouvé le père Paul Mortier[1], puis le père Lenain à qui a été confiée la responsabilité du Foyer en 1999. Il se réjouissait de cette présence sacerdotale à ses côtés. Le père Lenain a noté quelques souvenirs :

> Ses homélies étaient puisées dans la méditation de l'Évangile et dans la prière ; il aimait prendre le temps de l'accueil et du mûrissement ; par respect pour les personnes, il refusait toujours lorsqu'on lui demandait, au dernier moment, de prendre la parole ; je comprenais que l'homélie n'était pas pour lui un exercice de style, mais un lieu où le Seigneur, par sa Parole, cherche à toucher les cœurs.
>
> Il aimait prendre du temps gratuitement et simplement avec les membres de Foyer ; régulièrement, il aimait jouer à la table des cartes (la canasta), à la fois dans l'attention au jeu, et dans de grandes plaisanteries et de grands éclats de rire ! C'était une manière de se connaître et de s'apprécier autrement[2] !

Les personnes qui l'abordaient étaient toujours sensibles à son accueil.

> Il savait accueillir [...]. Son écoute : jamais possessive, [...] sans jamais tirer les vers du nez. Il permettait à chacun et chacune de s'exprimer en vérité. Cela suscitait la confiance. Il proposait, jamais n'imposait. Ils sont nombreux ceux et celles qui en ont fait l'expérience (laïcs, séminaristes, et même évêques).
>
> Un homme de Dieu très intelligent, humble, pacifié et pacifiant[3].

---

1. Prêtre du diocèse de Nice. C'est à lui qu'il remit son *Carnet de route.*
2. Père Jean-Claude Lenain, déjà cité.
3. Père Paul Mortier, prêtre du diocèse de Nice.

Beaucoup retiennent effectivement son regard pénétrant et ouvert, sa voix grave et chaleureuse.

> Il gardait dans ses yeux, quelque chose du regard de l'enfance qui était très touchant, comme une forme d'innocence et d'interrogation[1].
>
> C'est aujourd'hui, quand je repense aux épreuves traversées – et elles furent de taille –, que je réalise, qu'avant d'être une voix, le père Lochet était avant tout un regard ; un regard aussi profond que sa voix, un regard qui sondait l'âme et qui comprenait tout de suite. Il ne faisait pas de longs discours, une phrase suffisait pour donner l'essentiel et surtout apporter la guérison[2].

L'heure de la nuit

À partir de 1994, son *Carnet de route* s'arrête. Il ne répond que rarement aux lettres qu'il reçoit.

Le père Lochet s'enfonce dans un grand mystère d'obscurité, le grand silence de la nuit ; le temps pour Dieu d'achever son ouvrage ?

> Je l'ai revu une ou deux fois dans la période douloureuse de la fin de sa vie. Il souffrait beaucoup, non seulement physiquement mais moralement et spirituellement. Il vivait, je pense, les nuits de saint Jean de la Croix : plusieurs années de « nuit » où il a continué à servir l'Église, sous une autre forme[3].
>
> Son « agonie » éprouvante surtout spirituellement, il la vivait dans « la nuit » profonde, courageux et enraciné dans une foi qu'il ne sentait plus. « Aide-moi à garder la foi », me

1. Catherine Poivre d'Arvor, déjà citée.
2. Marie-Hélène Martel, déjà citée.
3. Père Jacques Dugas, déjà cité.

disait-il presque chaque jour. Quelques paroles d'Évangile le soutenaient[1].

Continuellement tenaillé par une inexprimable angoisse, le père demandait instamment de prier, pour qu'il porte cette croix courageusement[2].

Quelle joie j'ai ressentie, en le sachant enfin libéré, enfin arrivé, après cette longue traversée « nocturne » durant laquelle, n'en doutons pas, il aura le plus travaillé pour l'Église, en communiant aux souffrances du Christ, dans son mystère pascal de déréliction qui dure, tant qu'il y aura des hommes à sauver. Grande « vocation », grande communion que celle-là, qui donne part aux souffrances du Christ pour son corps qui est l'Église[3].

Comment se fait-il qu'un homme d'une telle foi puisse vivre dans la nuit[4] ?

Jeannette[5] évoque le souvenir de sa chambre :

Il y avait un grand silence dans sa chambre. Il n'avait pas de radio, ni de musique. Au début, il se nourrissait avec *Prions en Église* et la lecture du journal *La Croix*. Il aimait aussi s'arrêter sur certaines pages du livre de Gaston Courtois, *Quand le Seigneur parle au cœur* [...]. Il restait très sensible à l'ordre de son courrier auquel il ne pouvait pas répondre vers la fin, sauf à l'une ou l'autre lettre qu'il choisissait.

Il appréciait les visites fraternelles qui venaient prier avec lui, le soir, dans sa chambre, et aussi la présence de quelqu'un, durant les repas [...], comme pour adoucir sa solitude.

Le père André Abelé, qui l'a très bien connu à Reims, est bouleversé lorsqu'il vient le visiter :

1. Père Paul Mortier, 30 décembre 1995, déjà cité.
2. Sœur Jeanne Dollinger, Congrégation Notre-Dame d'Afrique.
3. Sœur Marie-Pierre, déjà citée.
4. Son ami, Mgr Guy Herbulot, déjà cité.
5. Jeannette Briffaud, déjà citée.

> Il était totalement couché, souffrant beaucoup, au point qu'il m'a fallu une permission spéciale pour aller dans sa chambre, quelques minutes. J'ai été marqué par la présence, sur sa table de nuit, de la photo de Marthe. Il était évident qu'il vivait non seulement avec elle, mais que sa maladie était vécue, comme Marthe avait vécu la sienne, dans l'offrande de sa vie.

Marthe ! Sa sœur de cœur et sa confidente ! Il se raccrochait à elle autant qu'il le pouvait. Quelquefois, presque timidement, il me demandait : « Que disait Marthe de moi ? », comme s'il voulait s'accrocher à un roc de certitude.

Alors, je lui rappelais quelques paroles qu'elle avait pu dire à Claude Bailleul ou à moi-même. Je lui redisais toute sa confiance reconnaissante qu'elle lui avait toujours témoignée, mais plus particulièrement au moment où les Foyers de Charité traversaient des difficultés. Je lui rappelais sa prière qui l'avait accompagné et l'affection qu'elle portait au Foyer qu'il avait dû quitter et sur lequel, aujourd'hui, invisiblement elle veillait. Cela apaisait son cœur.

Il avait aussi d'autres amis du ciel : sainte Thérèse de l'Enfant-Jésus, dont il aimait lire les tout petits livres de Victor Sion sur l'esprit d'enfance ; sainte Bernadette, humble amoureuse de la Sainte Vierge ; Charles de Foucauld et sa prière d'abandon ; le Curé d'Ars, passionné du salut des âmes. Et bien sûr, la Vierge Marie !

« Voilà mon arme ! » aimait-il dire, en levant son chapelet.

Je suis venue rejoindre ce Foyer de Charité de Roquefort-les-Pins, en 1999. Mes visites au père Lochet étaient courtes mais fréquentes et marquées de plus en plus par le silence. Cependant, parfois, il laissait échapper une parole. Je la notais, pour mieux la porter dans la prière. C'est seulement aujourd'hui que j'en mesure le sens.

Dernières paroles

> Je vis maintenant ce que j'ai prêché toute ma vie.
>
> Je souffre dans mon corps, mon cœur, mon esprit.
>
> Je suis en détresse, non, plutôt en désarroi. Je ne sens rien… c'est la nuit. Jésus, mon Dieu, c'est l'abîme.
>
> Comme tu veux, quand tu veux… mais jusqu'à quand? Quel mystère après la mort!… j'en ai le vertige.

Un jour, il évoque sainte Thérèse qui, à la vue d'un trou noir dans un mur, confie à une sœur de sa communauté: « Tu vois? Ma vie, c'est ça. » Reprenant à son compte cette parole, le père Lochet ajoute: « Pourquoi, cette nuit? C'est long, trop long. »

Le père Mortier rapporte aussi cette confidence qu'il a reçue de son ami: « Les Évangiles de la Résurrection sont, pour moi, comme une exposition de tableaux de grands Maîtres suspendus aux murs d'un tunnel, plongé dans l'obscurité[1]. »

Il prononça d'autres ultimes paroles sous forme de prière:

> Jésus, fils de Dieu, Sauveur, aie pitié de moi!
>
> Viens, Seigneur Jésus, viens, sauve-moi!

Il demandait aussi à ses visiteurs de prier, d'intercéder pour lui:

> Prie pour moi. Que je Lui offre tout.
> Quand je pense à tout ce que les saints ont souffert! Ils demandaient jusqu'au martyre! Moi, je ne demande rien. Demande pour moi la ferveur, la générosité pour dire oui.

---

1. Avril 1995.

Seigneur, je crois en toi, soutiens mon peu de foi…
Seigneur, j'espère en toi, garde-moi dans l'espérance…
Seigneur, je veux t'aimer.
Apprends-moi à aimer comme tu aimes.

Il lui arrivait d'être submergé par une vague de crainte.

J'ai peur de devenir agressif parce que j'ai mal.

Je demande au Seigneur : viens, viens Seigneur… mais je ne veux pas être lâche… Je ne crois pas. Sainte Thérèse demandait aussi d'être délivrée.

Sainte Thérèse, Marthe : ce sont des géants dans l'offrande d'elles-mêmes. Moi, je suis un rampant.

Si je n'occupe pas mon esprit !

Et même, je ne peux plus dire ma messe, mon chapelet. Oh ! C'est l'unique Messe. On m'apporte la communion. J'espère que ce n'est pas une punition. La Messe, elle entre en moi. Je ne sais ce que ça prouve, mais je suis pauvre.

Malgré l'obscurité qui l'habitait, il savait garder un brin d'humour. Ainsi lorsqu'on lui disait qu'il avait bonne mine, il poussait un soupir en disant : « Oh la mine ! Oui, mais c'est le porte-mine ! »

Quand il s'exerçait à marcher, très lentement, il disait au père Lenain, en se moquant de lui-même : « Tu vois dans quel état j'erre ! »

Au père Mortier qui lui demandait, « Louis, veux-tu un peu de purée pour avaler ce médicament ? » il répondit : « Ah non ! Je suis assez dans la purée comme ça ! » Il disait encore : « Devant ma situation, le docteur y perd son latin et son Vidal. »

Lui qui m'avait tant soutenue dans ma vocation, voilà qu'il demandait de l'aide : « J'ai besoin de réconfort. » Et il se confondait en mercis : « Merci, ma petite sœur, de t'occuper d'un si misérable que moi. Merci pour tout. »

Le père Ravanel a été une présence très précieuse pour lui. Lorsqu'il descendait de ses montagnes alpines pour prendre un temps de repos près du Foyer de Charité, il venait le voir tous les jours. Cela l'a énormément aidé. « Vous me disiez, si souvent, lors de mes visites dans votre chambre de malade : "priez pour moi, je n'en peux plus". Ma pauvre prière vous accompagnait autant que mon cœur[1]. »

De même, il aimait voir arriver le père Pierre Jansen[2], qu'il a toujours apprécié, pour parler avec lui en toute confiance.

Cependant, rien ne remplaçait au quotidien la présence aimante, réconfortante et priante de chacun des membres de la communauté du Foyer de Charité, au quotidien… Pendant dix ans, Louis Lochet, « se laissant faire, avec patience dans sa vie de malade[3] », bénéficia des soins et de l'attention qui lui furent prodigués avec beaucoup de dévouement et de fidélité.

Aussi, sa nuit pouvait-elle être traversée comme par des éclairs d'espérance.

> C'est dur. Je souffre. Mais le Seigneur me remplit de son Amour.
> À moi… Jésus… c'est cela qui compte. Rien que cela.
> Je vis dans l'espérance. Le futur est bouché ; cependant, l'avenir est ouvert.
> Toute mon occupation est de m'appuyer uniquement sur sa miséricorde.

Jocelyne souligne cette confiance en la Miséricorde qui, seule, lui redonnait la paix.

Le souvenir de sa mère semblait lui faire du bien. Lui qui restait plutôt secret sur son intimité a pourtant fait cette confidence au père Mortier :

---

1. Père Jacques Ravanel, lors de la sépulture du père Lochet.
2. Foyer de Charité, Branguier, Bouches-du-Rhône.
3. Jocelyne Mérigeault, Foyer de Charité, Roquefort-les-Pins, Alpes-Maritimes.

> Peu avant sa mort, ma vieille maman, dans la chambre où elle était, chez les religieuses, disait : « J'attends quelqu'un. »
>
> J'ai retrouvé une image où elle avait écrit : c'est dans la nuit qu'il est beau de croire à la lumière[1].

Aussi le père Lochet renouvelait-il son abandon au Cœur miséricordieux de Dieu :

> Viens, Seigneur, viens me prendre. Mais que ta volonté soit faite.
>
> Tout ce que vous voulez, mon Dieu, comme vous voudrez, quand vous voudrez. Mais ayez pitié de moi.
>
> Mon Dieu, je t'offre tout, je te donne tout, je t'abandonne tout. Je remets tout entre tes mains.
>
> Je pars, les mains vides.

Au plus secret de sa vie

Secret du roi qui n'appartient qu'au Roi. On peut toutefois dire que le père Lochet n'était plus qu'une offrande en prière d'intercession, parce qu'il était habité.

Habité par les hommes, tous les hommes, le monde, tout l'univers.

Toute sa vie, il l'a vécue ainsi, mais au soir de sa vie, il faisait ces confessions :

> La souffrance du monde est en moi. Elle me prend là. Il y a tant de péchés !

> Bien, je suis bien avec vous tous. Je vous aime tous, mais avec quelle souffrance !

---

1. Le 24 juin 1995.

Lui qui avait été toute sa vie un apôtre de la miséricorde était, à la fin de ses jours, angoissé, même hanté par tout ce qu'il pensait ne pas avoir assez fait pour les autres et en particulier pour les prêtres. C'était pour lui une grande souffrance. Il ne trouvait la paix que lorsqu'on lui redisait la parole de la lettre de saint Jean : « Si ton cœur te condamne, Dieu est plus grand que ton cœur[1]. »

Offert jusqu'au bout pour l'Église

> Avec sa clarté de vue, il portait le souci que l'Église ne se disperse pas en débats internes mais vive vraiment sa mission pour le monde[2].

Il était habité par l'avenir de l'Église : il la voyait beaucoup plus missionnaire, dans l'esprit du Concile.

En communion avec le Burundi

Dans une lettre qu'il avait envoyée aux deux Foyers du Burundi, il écrivait :

> En quelque lieu que je sois, vous y êtes aussi : le corps ne se sépare pas de la tête, ni la tête du corps. Si nous sommes éloignés par la distance, nous sommes unis par la charité, et la mort elle-même ne pourra pas couper ce lien. Si mon corps vient à mourir, mon âme restera vivante et se souviendra de mon peuple.

« Mon peuple ! » Oui, il restait à l'affût des nouvelles du Burundi. J'ai encore la lettre de Concessa disant : « La Sainte Vierge veille sur le père Lochet et sur le Foyer de Charité. »

La correspondance régulière qu'il entretenait avec son successeur, le père Bernard, révèle sa prière pour « son » Foyer, sa

1. Jocelyne Mérigeault, Odile Schneider, déjà citées.
2. Florence Mandeville, déjà citée.

prière constante pour qu'il soit protégé, sa prière d'action de grâce pour le voir grandir et rayonner. Jusqu'à la fin il en reste solidaire.

> Je remercie le Seigneur qui a permis ma maladie et mon départ, provoquant ta nomination par les évêques au Foyer: c'est une grande grâce pour nous, une grande espérance pour cette petite famille si sensiblement protégée par la Sainte Vierge [...]. Je t'envoie des honoraires de messes, en signe de fraternelle solidarité dans le Christ.

À toute la communauté: «Je garde précieusement votre programme pour l'accompagner chaque jour de ma prière et le vivre avec vous, en Jésus et Marie.»

> Un jour, le père Lenain conduit le père Amand Kana dans la chambre du père Lochet pour le lui présenter: «Voici le futur père du Foyer de Bujumbura[1].» Il lui répond: «Voilà que ma prière a été exaucée.»
>
> J'ai vu que le père Lochet avait porté la succession du père Jean[2].

En communion avec l'Église de Reims

Le père Lochet avait demandé au père Gérard Delatour[3] de dire aux prêtres du diocèse de Reims qu'il était toujours des leurs: «J'aime le diocèse de Reims, je ne l'ai pas quitté et je n'oublie personne. Grâce à *Reims-Ardennes*[4], je reste en communion avec le diocèse.»

Et le père Gérard souligne: «J'ai fait la commission et je peux dire qu'à tous ceux à qui je l'ai faite, la réponse fut la même. Ceux qui l'ont connu ne l'ont pas oublié.»

1. Le père Jean Ntagwarara était devenu évêque, il fallait le remplacer.
2. Père Jean-Claude Lenain, déjà cité.
3. Du diocèse de Reims.
4. Revue du diocèse.

Odile témoigne qu'« il priait et offrait beaucoup, spécialement pour les prêtres de son diocèse de Reims ».

Jusqu'au bout il s'est montré attentif à sa famille, à ceux qui venaient le visiter : il restait ouvert sur tout.

> Dans cette étape, ayant gardé toute sa lucidité, il était possible de l'interroger sur l'un ou l'autre sujet, il s'intéressait à tout ce que nous lui apportions. En même temps, il gardait une extrême réserve et répondait souvent par un silence et un sourire affectueux, en n'omettant pas de faire bouger ses épais sourcils, comme pour nous encourager à sourire avec lui[1].

Et par dessus tout, l'Unité

Unité de l'Église, unité au Burundi

> C'est pour moi un très grand réconfort de me sentir si constamment et profondément uni avec vous, tous et toutes. Jésus a permis qu'on nous enlève beaucoup de choses, mais cela, il nous l'a donné : une grâce plus précieuse que tout, l'unité entre tous, en Lui, au-delà de toutes les frontières. Qui nous séparera de l'amour du Christ ?
>
> J'ai été plus que jamais uni à vous durant la retraite du 2 au 8 février. Quelle joie d'être ensemble, nourris par la Parole du Christ ! C'est tous ensemble que nous unissons notre fidèle goutte d'eau à l'offrande de Jésus au Père, pour être un seul Foyer de Lumière, de Charité et d'Amour.
>
> Je suis heureux aussi de voir que les deux communautés, vous restez si profondément unis dans la vie, la prière, le rayonnement des Foyers au Burundi[2].

---

1. Florence Mandeville, déjà citée.
2. Lettre au Père Bernard Kabutura.

Unité des Foyers autour de Châteauneuf

Il a le souci de concrétiser ce lien. Il écrit encore au père Bernard :

> Voici une carte signée pour vous, par notre cher père Finet qui aura 91 ans le 6 septembre. Il ne voit plus bien clair comme le montre sa signature, mais il aime signer nos images pour les Foyers et tout son cœur y est[1].

Unité à l'adresse de tous

> Je vous ai tout dit : c'est l'amour seul qui compte. L'important, c'est que nous vivions tous dans l'unité[2].

Le père Lochet a prié et offert sa vie au Père, pour l'Unité. N'est-ce pas l'ultime prière du Christ ?

Petit grain de blé, si tu ne tombes en terre…

Petit grain de blé tombé en terre le 5 septembre 2002, tu portes beaucoup de fruits[3].

Pour le père Jean-Bosco, c'est une évidence, car « c'est ce jour même que nous avons découvert la maison où le Foyer de Charité de Ngozi allait démarrer, parce qu'avant, nous ne le savions pas[4] ».

Le docteur qui est venu le soigner pendant de longues années nous a raconté son accompagnement du père Lochet. Voici son récit émouvant par sa simplicité et sa discrétion[5] :

---

1. Lettre au Père Bernard Kabutura.
2. Dernières paroles du père Lochet à moi-même.
3. Cf. cahier photos, planche VIII.
4. Témoignage du père Jean-Bosco Wakana, pour le troisième Foyer de Charité au Burundi.
5. Témoignage du docteur François Bernard, Roquefort-les-Pins, 18 février 2014.

> Le père Lochet que j'ai accompagné pendant dix ans m'a toujours impressionné par son immense courage, face à la maladie et à la douleur. Son sens de l'humour l'aidait également, lui et ses proches, à faire face à cette souffrance. Il avait su résister à la tentation et son grand humanisme lui a permis de franchir tous les obstacles de cette vie terrestre et de pouvoir ainsi aider, au plus près, ses frères et sœurs chrétiens. Il nous a quittés sur la pointe des pieds, le 5 septembre 2002, à l'âge de 88 ans. Son souvenir restera à jamais gravé dans mon cœur.

Puisse son diocèse en faire mémoire, sur cette terre rémoise, berceau du christianisme de France.

> Louis Lochet, une belle figure du diocèse de Reims [...]. Une vie humble mais exceptionnelle[1].

> Les saints ne sont pas uniquement ceux du calendrier. Le père Lochet en est un[2].

> Notre « Padri » repose désormais au Foyer de Charité Maria Mater, « en passant son ciel, avec tous les saints, à faire du bien sur la terre » comme dirait la petite Thérèse, une de ses complices préférées. Mais on pourrait ajouter entre nous : « ça ne doit pas le changer beaucoup[3] » !

Puissions-nous tous, à notre tour, faire l'expérience de son intercession dans le quotidien de nos vies.

Père Lochet, continuez de marcher avec nous,
Continuez d'éclairer notre route,
Pour l'avancée du Royaume de Dieu parmi nous.

---

1. Revue *Reims-Ardennes*, « Vie diocésaine », 25 septembre 2002.
2. Père Jean-Marie Guerlin, déjà cité.
3. Père Pierre Jansen, déjà cité.

GLOIRE
AU PÈRE
PAR LE FILS
DANS L'ESPRIT
AU DIEU
QUI EST
QUI ÉTAIT
QUI VIENT
AMEN[1].

1. Louis Lochet, première page de son livre, *Fils de Dieu*.

Postface

Homme d'Église au service des Foyers

Ce livre me fait découvrir une grande partie de la vie du père Lochet. Pour ma part, en dehors de ses livres, je n'ai rencontré le père Lochet que dans son ministère auprès des Foyers de Charité et spécialement pendant son séjour à Châteauneuf-de-Galaure. Il avait accepté de répondre oui à cet appel, par amour de l'Église.

Mais il me semble aussi que c'est parce qu'il avait découvert et admiré Marthe. Il était un « ami » de Marthe. Il exprime son admiration pour Marthe dans ses écrits et spécialement dans une préface à un livre du père Peyret, *La petite vie de Marthe Robin*. Il écrit : « [Marthe] attire chacun tel qu'il est, là où il vit, à vivre sa vie dans le Christ avec Marie, transformé par l'Esprit d'Amour à la gloire du Père. Si ses paroles éclairent, c'est parce qu'elles sont d'abord sa vie : son mystère. » Puis il rappelle « sa manière concrète de vivre le don et l'abandon total jusqu'au bout ».

En concluant cette préface, le père Lochet ajoute : « À travers sa vie cachée à la Plaine, à travers sa longue Passion, qui dure une vie entière, à travers la Pentecôte d'Amour des Foyers de Charité qui s'étendent jusqu'aux extrémités du monde, nous reconnaissons en elle, pour toujours, Jésus au milieu de nous. »

Cet amour et cette connaissance de Marthe ont conduit le père Lochet sur des chemins qu'il n'avait pas prévus. C'est d'abord son départ pour l'Afrique au Burundi, et la fondation d'un Foyer de Charité. Comme l'écrit Monique Mazzoléni, le père Lochet, « homme d'Église, se met au service d'un Foyer de Charité ».

Car c'est bien aussi en « homme d'Église » que le père Lochet quitte le Burundi pour répondre à l'appel du père Finet afin de venir « l'aider ». Il accueille cette nouvelle mission dans la confiance. Il va pouvoir aider les Foyers à sortir d'une crise (de croissance) parce qu'il a une idée précise des Foyers, puisqu'il en a crée un et qu'il a connu et apprécié Marthe. Il dira qu'un Foyer ce n'est pas seulement une construction, ni un homme tout seul, mais c'est d'abord une communauté. C'est dans cet esprit qu'il va se donner pour que chaque Foyer puisse être partie prenante de ce qui doit avancer pour tous, et aboutir à des statuts reconnus plus tard par Rome.

L'engagement du père Lochet a été d'une extrême importance. En 1981, période difficile, les Foyers avaient besoin d'un homme d'unité, capable de favoriser le partage, dans une grande écoute. Il ne fut pas seul pour faire cela. Mais il fut le pivot, ou le roc autour duquel on se rassemblait et retrouvait confiance. À une assemblée générale des Foyers, il intervient d'une façon magistrale et humble en même temps. Il trace déjà les grandes lignes qui seront l'avenir des Foyers reconnus par Rome. Son langage est audacieux. Il qualifie les Foyers de « communauté prophétique qui vivent dans le monde pour être les signes d'un monde nouveau ».

Lorsque le père Lochet est intervenu dans les Foyers, j'étais évêque de Valence depuis peu. J'ai apprécié alors sa justesse de vue et la précision de sa pensée. J'ai rendu grâce pour son engagement vécu comme la réponse d'un homme d'Église à un appel qu'il n'avait pas cherché. Son humilité ressemblait à celle de Marthe qui écrivait en 1931 : « Dieu résiste aux superbes, mais il donne sa grâce aux humbles. » C'est ainsi qu'il avançait, toujours à l'écoute de l'Esprit saint, dans la prière et le silence. Dans les nombreuses rencontres que j'ai eues avec lui, il m'arrivait d'être insistant pour que, suivant l'expression de Marthe, il « se laisse faire par l'Esprit saint pour le bien des Foyers ». C'est ce qu'il a parfaitement réalisé en serviteur tout donné.

Merci père Lochet.

Mgr Didier-Léon Marchand
Évêque émérite de Valence
Février 2015

Remerciements

Je tiens à remercier ici toutes les personnes sans l'aide desquelles la rédaction de cette biographie n'aurait pu aboutir.

Et d'abord toutes celles qui, depuis la ville de Reims et de nombreux autres lieux de France et d'Europe, jusqu'au Burundi, ont accepté de livrer leur témoignage. Tous ceux qui ont bien connu le père Lochet, voire même travaillé avec lui : nombreux prêtres, évêques et laïcs de Reims, du Burundi, membres de la famille Lochet, membres des Foyers de Charité, dont le père Pierre Jansen et Jeannette Briffaut avec lesquels j'ai vécu.

Celles, ensuite, qui m'ont apporté leur aide précieuse dans la collecte des documents : M. Christian Grassin des Archives du diocèse de Reims ; Mme Caroline Biencourt, conservatrice diocésaine du patrimoine du diocèse de Cambrai ; le père Rouillé d'Orfeuil, du Séminaire français de Rome, Mme Marie Madeleine Pouilly et M. Sylvain Papavero qui ont consacré du temps à parcourir, l'un, la revue diocésaine de *Reims-Ardennes*, l'autre, les nombreuses revues de la Bibliothèque nationale de France, et M. Jacques-Marie Pinson pour la revue du Lycée Jésuite de Reims ; Mme Martine van Wessem-Puissant Baeyens, bibliothécaire belge, et M. Alain Turban de Nice ; Également toutes les personnes qui ont numérisé nombre de ces documents : Marie-Christine Baternel, Monique et Philippe Lahaderne, Geneviève Pellenc, Cathy Revol, Claudie Rigault, Élisabeth Robinet, Dominique Vaudaine, Ève Wasserman, Daniel Cléris, Gérard Épiney, Jean-Pierre Granger, Paul Guillier, Dominique van Wessem.

Mes remerciements s'adressent également aux nombreuses personnes qui, durant toute cette période de rédaction, m'ont encouragée par leur attention et leurs précieux conseils : père André Abelé, père Joseph Hannesse, Annie Gerest, Annie et Jean-Claude, Bernadette, Claudine et Bernard, Marie-Odile. Je remercie aussi celles qui, régulièrement, ont manifesté leur désir impatient de lire l'ouvrage sur ce prêtre, cher à leur mémoire.

Enfin, je remercie les personnes qui ont porté ce travail dans la prière, et tout particulièrement Mgr Guy Herbulot, originaire de Reims (évêque émérite d'Évry), et Mgr Didier-Léon Marchand (évêque émérite de Valence) qui ont mis tout leur cœur pour écrire, avec gratitude, la préface et la postface de ce livre.

Témoignages de ceux qui ont numérisé des écrits

Dominique

« À une époque très fermée, il a des paroles d'ouverture incroyable. Il écrit, en avance sur son temps et cela demeure actuel, aujourd'hui. C'était un visionnaire, toujours dans le concret. C'était un prêtre érudit, intelligent, exigeant par rapport à la vie apostolique. C'était un vrai apôtre. »

Geneviève

« L'enseignement du père Lochet est vraiment un cadeau, je pense, pour la société d'aujourd'hui qui a perdu ses repères en quête de sens.

C'est un homme qui a compris les choses en profondeur, un précurseur.

Ses écrits ont été pour moi très précieux dans la poursuite de mon cheminement intérieur. Il m'aide à comprendre l'Église. Il revient à la source. Les apôtres authentiques sont éternels.

Il annonce le pape François. »

Isabelle

« En lisant ce document, je pensais que cette éducation à la "charité vraie" pourrait être redécouverte et exploitée avec grand profit dans toute vie communautaire : équipe éducatrice en milieu scolaire, religieux, consacrés, famille, paroisse, amis entre eux… Alors "Voyez comme ils s'aiment" deviendrait tellement juste, vrai, évangélique et évangélisateur. »

Monique et Philippe

« Oui, le père Lochet nous accompagne tous les jours dans cette "retraite à domicile". Nous ne l'écoutons pas avec nos oreilles, mais avec notre cœur qui se dilate en découvrant ses écrits. Ses enseignements ne sont pas une morale, une idéologie, un sentiment. C'est l'Évangile qui s'incarne au quotidien, c'est une expérience de Vie avec Dieu.

C'est une proximité avec les plus pauvres, les rejetés, les délaissés, dans le respect, l'écoute et le dialogue, sans les enfermer. "Dieu en nous et avec nous et en tous."

On a si souvent opposé dans l'Église "contemplation" et "action". La spiritualité du père Lochet réconcilie les deux. Dès 1975, il porte un regard lucide sur les défis à relever qui font partie des chantiers actuels. Nul doute que son intuition se confirme pour l'Église d'aujourd'hui. L'Esprit saint est à l'œuvre, ne l'enfermons pas dans nos limites humaines et il nous surprendra toujours. »

Paul

« Dans tous les textes que je lis, j'aime, chez le père Lochet sa sagesse devant les événements et son optimisme grâce à sa foi. Très réaliste, plein de bon sens et de larges vues, il forme par ses articles qui dépassent le temps où il les écrit. Sa vision des choses et des événements est très large. Ses articles ne sont nullement dépassés. »

Daniel

« J'ai commencé à rentrer sur l'ordinateur certaines publications du père Lochet, avec mon esprit critique habituel. Et ô surprise, je n'ai pas eu envie de critiquer. Au contraire, mon intérêt est allé croissant en découvrant un chercheur de vérité et un véritable "homme de Dieu" qui s'efforce toujours d'éclairer les situations ou les réalités à la lumière de l'Évangile.

Puissent ses œuvres être rééditées ! Elles pourraient contribuer à éclairer certaines questions actuelles telles que la pastorale familiale… »

Cathy

« J'ai eu l'immense joie de découvrir le père Lochet à travers ses écrits théologiques, ses retraites prêchées. Il m'était totalement inconnu. J'y ai découvert un prêtre évangélisateur, bien ancré dans la réalité, profond et possédant une grande âme mystique. Ayant eu une décision à prendre pour un service en Église, le père Lochet a contribué, je peux dire, à mon engagement, tant ses paroles sur l'évangélisation étaient fortes. J'ai puisé dans ses textes, la puissance vivante de Jésus. Cela a fortifié, nourri ma foi. »

Marie-Christine

« D'avoir travaillé sur les écrits du père Lochet, mon esprit a complètement changé. Je disais que j'aimais l'Église, mais ce n'était que des mots extérieurs : maintenant, j'ai compris ce qu'est l'Église.

Chaque acte que je pose en Église, concerne toute l'humanité.

J'ai pris conscience de mon importance "cachée" dans le corps de l'Église ; qu'une seule âme peut envelopper le monde entier, en communion avec le ciel.

J'ai reçu aussi une nouvelle lumière sur la liturgie pénitentielle pour laquelle j'avais un a priori. C'est au contraire une réconciliation avec Notre Père et avec le monde. C'est un temps de fête. »

Bibliographie

Ouvrages du père Lochet

L'union à Dieu : âme de tout apostolat, Fides, 1950.
L'apôtre dans le mystère de l'Église, Fides, 1951.
Fils de l'Église, Cerf, 1954.
Apparitions : présence de Marie à notre temps, DDB, 1957.
Le Concile dans la vie de l'Église et dans la nôtre, ACGH, 1961.
Fils de Dieu, Cerf, 1963.
Prêtres du Cœur de Jésus, Durassié, 1963.
Sens de la vieillesse, Vie Montante, 1963.
Pédagogie de la Paix, Éditions Ouvrières, 1964.
L'Évangile de la liberté, Cerf, 1968.
Espérance de vie, Éditions Ouvrières, 1977.
Jésus descendu aux enfers, Cerf, 1979.
Dieu m'aime comme ça, Éditions Ouvrières, 1980.
Vers une Église différente, DDB, 1989.

En collaboration

L'éducation de la charité, Bulletin de l'Union des Religieuses enseignantes, 1957.
Travailler en Église, F.S.C., 1957.
Les fonctions du curé et la sanctification du prêtre, Édition Fleurus, 1959.
Prêtre et vocation, Édition Fleurus, 1961.
Introduction à une pastorale des malades, Présence, 1962.
Simone Weil et l'Église, Aubier, 1964.
Vie religieuse et mentalités contemporaines, Centurion, 1965.
L'Évangile de la miséricorde, Cerf, 1965.
Dynamique chrétienne de la communication moderne, Mame, 1966.
L'amour plus fort que la mort, Édition du Feu, 1967.

Appel à documents

Chers lecteurs,

Après avoir lu cette biographie du père Louis Lochet, sans doute aurez-vous pris la mesure de tout ce que ce prêtre a pu, mais aussi peut encore, apporter à l'Église et aux hommes de notre temps.

Aussi osons-nous faire appel à tous ceux d'entre vous qui détiendraient ou qui connaîtraient des personnes détenant des documents du père Lochet ou relatifs à lui : sermons, articles, correspondances, prises de notes lors de conférences ou de retraites, documents photographiques, enregistrements audio, etc.

Dans le but de compléter avantageusement ce que nous avons déjà pu rassembler de son œuvre et à son sujet, et cela en vue d'une publication de ses œuvres complètes, de la constitution des meilleures sources possibles à d'autres études sur sa personne et sur son œuvre, nous vous serions des plus reconnaissants de prendre contact avec nous.

Monique Mazzoléni
Foyer de Charité
85 rue Geoffroy de Moirans
26330 Châteauneuf-de-Galaure
tel : 00 33 (0)6 13 73 22 63
moniquemaz.jmc@gmail.com

TABLE

Cet ouvrage a été composé
par Atlant'Communication
au Bernard (Vendée).

Achevé d'imprimer par Corlet, Imprimeur, S.A. - 14110 Condé-sur-Noireau
N° d'Imprimeur : 177197 - Dépôt légal : octobre 2015 - *Imprimé en France*